はじめに

JN106960

　本書は文部科学省検定済教科書『ビジネス法規』（商業741）の学習用教材として作成されたものです。中間考査や期末考査のみならず，商業経済検定対策としても利用できます。教科書の内容をより深く理解し，思考力・判断力・表現力を展開する基盤を確実にするために，活用してください。

① 　学校で実施される中間考査や期末考査は，教科書と授業の内容にもとづいて出題されます。よくわからないところや理解できないところは，先生に質問したり自分で調べたりしましょう。

② 　ノートの作成方法についても，ただ単に黒板の文字を書き写すだけでなく，自分なりにいろいろと工夫してみましょう。

③ 　商業経済検定は，文部科学省検定済教科書の記述内容に沿って出題されますから，受検を考えている人は，教科書の記述や図の内容の理解をしっかりしておきましょう。また，商業経済検定に限らず資格試験のほとんどは過去問題を解いてみることが，効果的な対策になります。このワークブックでは，商業経済検定に対応できるように検定試験で過去に出題された問題も「発展問題」として登載していますから，検定対策も兼ねて解いてみましょう。

④ 　私法は，利害の対立する当事者の関係を，公平という観点から調整するものですから，当事者双方の立場に立って考える必要があります。相手の立場に立って考えれば，納得できることも増えてきます。ですから，常に当事者双方の視点から問題を考える習慣を身に付けてください。

⑤ 　法律は大切な権利義務にかかわるので，正確を期するために，一般にはなじみの薄い専門用語が多用されています。専門用語に慣れて，使いこなせるように学習を進めていってください。

　このワークブックで皆さんの法律に対する理解が深まることを切に祈っています。がんばってください。

執筆者一同

CONTENTS

第 1 節　ビジネスにおける法の役割

▶▶1　法の意義

- - -【学習の要点】- -

- 社会規範には，**法・道徳・慣習・宗教上の戒律**などがある。
- 法はほかの社会規範と異なり，**国家権力**によって強制される。
- ビジネスの基本的なルールは，**民法**に定められている。

基本問題

問1　次の文章で正しいものには○を，間違っているものには×をつけなさい。

(1)　自然法則は時代や地域によって変化するが，社会規範は時代や地域によって変化しない。

（　　　）

(2)　社会規範には，法・道徳・慣習・宗教上の戒律などさまざまなものがある。　（　　　）

(3)　社会生活の中で人間同士がかかわりをもつさいのルールを，社会規範という。　（　　　）

(4)　法と道徳や宗教は区別されていない。　　　　　　　　　　　　　　　　　　（　　　）

(5)　「電車内で体の不自由な人に席を譲る」という規範は，道徳であるが法ではない。

（　　　）

(6)　法と道徳は強制力の有無の違いがあるので，それほど密接な関係があるわけではない。

（　　　）

(7)　社会生活を維持するために欠かせない最小限度の道徳だけが，法として強制されている。

（　　　）

(8)　交通法規や遺言の方式などは法で定められていても道徳では定められていない。

（　　　）

問2　次の文章の空欄にあてはまる語句を解答群から一つずつ選び，記号を記入しなさい。

(1)　交通法規や遺言の方式などは（　①　）で定められていても（　②　）では定められていないが，「借りたものは返さなければならない」という規範は（　②　）であり，（　①　）でもある。

(2)　借りた物をもし返さなければ，貸主の訴えにより（　③　）から返還が命じられ，それでも返さないときは（　④　）の力によって強制的に返還させられる。

(3) 人びとが長い間繰り返しておこなってきたならわしや風習のうち，一般に承認されている規範を（　⑤　）という。

(4) 商品の売買や土地の貸借など経済的価値の変動をともなう活動を（　⑥　）という。

【解答群】

　ア．慣習　　イ．国家　　ウ．裁判所　　エ．道徳　　オ．法　　カ．ビジネス

　①……………　②……………　③……………　④……………　⑤……………　⑥……………

発展問題

問1　次の文章を読み，下線部を何というか，最も適切なものを一つ選びなさい。

（商業経済検定第35回一部修正）

　人と人が関わりをもって社会生活を営むことや，平穏で円滑に社会生活の秩序を維持していくためには，社会の誰もが守らなければならない一定のルールが必要となる。これには，法・慣習・道徳・宗教上の戒律などがある。このうち法は，国家権力によって定められ，強制されるという性質をもち，さまざまな基準から分類することができる。

　　ア．社会通念　　イ．行動理念　　ウ．社会規範

　　　　　　　　　　　　　　　　　　　　　　　　　　　　　……………

問2　次の文章を読み，下線部の例として最も適切なものを一つ選びなさい。

（商業経済検定第27回一部修正）

　社会生活を平穏・円滑に秩序を守って営むためには，誰もが守らなければならないルールが必要となる。このルールには，法をはじめ，慣習や道徳，宗教上の戒律などがある。このなかでも法は，誰もが強制的に守らなければならないものである。

　　ア．ある地域では，郷土芸能として360年間続く和太鼓の伝統文化を継承するため，小学生は全員月1回の練習に参加し，住民は当番制で伝統行事の運営に携わっている。

　　イ．公道で自転車に乗るときは，自転車の安全点検を行い，歩行者に注意しながら，道路左側を安全に走行しなければならない。

　　ウ．電車の座席が空いていたので座っていたが，途中の駅から乗客が増え空席がなくなり，目の前に幼い子ども連れの母親がいたので，座席を譲った。

　　　　　　　　　　　　　　　　　　　　　　　　　　　　　……………

問3　法が他の社会規範と異なるといわれる主な理由は何か，正しいものを一つ選びなさい。

（商業経済検定第2回一部修正）

　　ア．成文化され，しかも道徳的内容がすべて含まれていること。

　　イ．国家権力により，強制力が与えられていること。

　　ウ．多くの人が認めたことにより，秩序が保たれるようになっていること。

　　　　　　　　　　　　　　　　　　　　　　　　　　　　　……………

第1節　ビジネスにおける法の役割

▶▶2　法の役割

- - -【学習の要点】- -

● ビジネス秩序の実現と維持のために，**取引の安全の保護**と**消費者の保護**が図られている。

■ 基本問題

問1　次の(1)〜(5)について，下線部が正しいときには〇を記入し，誤っているときは解答群から正しいものを選び，記号で答えなさい。

(1)　お腹がすいたのでパンを盗んで食べようと思ったら，その思いは悪であるから<u>法</u>に反する。　　　　　　　　　　　　　　　　　　　　　　　　　　　　　　（　　　）

(2)　ビジネスの範囲は広いため，各分野の特性に応じてビジネス秩序を実現・維持する法律が定められている。たとえば，不動産取引については<u>宅地建物取引業法</u>が定められている。

（　　　）

(3)　人が保有する権利や利益は，他人によってみだりに奪われてはならないとすることを<u>動的安全</u>の保護という。　　　　　　　　　　　　　　　　　　　　（　　　）

(4)　ビジネスは経済的利益を得ることを基本としている。これを<u>営利性</u>という。　（　　　）

(5)　事業者と一般消費者が取引をする場合には，<u>事業者</u>を保護する必要がある。　（　　　）

【解答群】

ア．金融商品取引法　　イ．静的安全　　ウ．消費者　　エ．道徳　　オ．公益性

問2　次の文章の空欄にあてはまる語句を解答群から一つずつ選び，記号を記入しなさい。

(1)　道徳のめざすものは善であるが，法がめざすものは社会全体の幸福を保障する（　①　）の実現・維持である。

(2)　ビジネスは不特定多数の人びとを相手とすることから，公平かつ（　②　）であることが要求される。

(3)　原則として，人が保有する権利や利益は，他人によってみだりに奪われてはならないが，これを（　③　）の保護という。

(4)　権利や利益を売買などの取引によって取得しようとする場合には，その取引の安全を保護する必要もある。これを（　④　）の保護という。

(5) ビジネスをおこなう事業者は，日常的に（　⑤　）してその事業をおこなっている。

【解答群】

ア．反復継続　　イ．公正　　ウ．動的安全　　エ．静的安全　　オ．秩序

　　　　　　　　①　　　　　　　②　　　　　　　③　　　　　　　④　　　　　　　⑤

応用問題

問1　友人AからA所有の本と過失なく信じて購入し，平穏かつ公然に占有していた場合，本当はその本はAがBから借りたもので，Bから返却を求められた場合の対応として，最も適切なものを次のなかから一つ選びなさい。

　ア．その本の本当の所有者はBなのだから，Bに所有権がある。したがって，静的安全の保護のために，本をBに返却しなければならない。

　イ．その本については，動的安全の保護を図る即時取得というしくみによって，すでに所有権を取得しているので，Bから返却を求められても返却はしなくてよい。

　ウ．その本については，友人Aから購入したものなので，Bから返却を求められても応じることができず，Aに返却しなければならない。

　　.....................

問2　即時取得の説明として，最も適切と思われるものを次のなかから一つ選び，記号を記入しなさい。

　ア．本や食料品などを購入して，その所有権を主張するためには，法務省などで登記をしなければならないことである。これは，取引の安全を確保するためである。

　イ．個人の財産権は憲法でも認められているのだから，借りている本や預かっている物を売却した場合，その取引はすべて無効にしなければならないということである。

　ウ．相手方の占有状態を正しいものと認めて取引をした者を保護するために，一定の条件で所有権などの権利の取得を認めるしくみである。

　　.....................

発展問題

問　次の文章の下線部を何というか，最も適切なものを一つ選び，記号を記入しなさい。

（商業経済検定第34回一部修正）

　例えばAのカメラを預かっていたBが，そのカメラをCに売って引き渡した場合，CがそのカメラをBのものであると信じ，また信じたことに過失がないと認められるときは，Cはそのカメラの所有権を取得する。このように，<u>取引行為によって，買い主が動産の占有者を真実の所有者だと信じ，また信じたことに過失なく，平穏かつ公然とその動産を取得した場合，買い主はその動産の所有権を取得する</u>ものと民法に規定されている。

　　ア．時効による取得　　　イ．登記による取得　　　ウ．動産の即時取得

　　.....................

第2節　法の体系と解釈・適用

▶▶1　法の体系

---【学習の要点】--

- 法には，**成文法**と**不文法**がある。
- 成文法には，**憲法**，**法律**，**命令**（政令，省令，内閣府令），**条例・規則**，**条約**などがある。
- 不文法には**慣習法**と**判例法**がある。

基本問題

問1　次の(1)〜(5)について，下線部が正しいときには○を記入し，誤っているときは解答群から正しいものを選び，記号で答えなさい。

(1)　<u>憲法</u>は，国の統治組織の根本と国民の権利・義務を定めた最高法規で，これに違反する法は効力をもたない。　　　　　　　　　　　　　　　　　　　　　　　　　　（　　　）

(2)　法律は，<u>地方公共団体</u>の議決によって制定される。　　　　　　　　　　（　　　）

(3)　<u>命令</u>は，法律によって権限を与えられた，国会以外の国家機関が制定する。　（　　　）

(4)　条例は，都道府県・市区町村などの地方公共団体の<u>議会</u>が制定する。　　（　　　）

(5)　同じ趣旨の判例が積み重ねられることによって生まれた法規範を，<u>慣習法</u>という。
　　　　　　　　　　　　　　　　　　　　　　　　　　　　　　　　　　　　（　　　）

【解答群】

　ア．国会　　イ．長　　ウ．条約　　エ．民法　　オ．判例法

問2　次の文章の空欄にあてはまる語句を解答群から一つずつ選び，記号を記入しなさい。

(1)　命令には，内閣が制定する政令，各省大臣が制定する（　①　），内閣総理大臣が制定する内閣府令などがある。

(2)　規則には，国会の両議院，最高裁判所，人事院などの国の機関が制定するものと，地方公共団体の（　②　）や委員会が制定するものがある。

(3)　条約は，国家間で締結された文書による協定で，（　③　）によって締結されるが，国会の承認を得なければならない。

(4)　法律および命令を法令といい，法令は原則として，施行期日前に発生した事柄には適用されない。これを（　④　）の原則という。

(5) 公の秩序または善良の風俗に反しない慣習は，一定の条件のもとで（　⑤　）と同一の効
　　力を有する。

【解答群】

　　ア．法律不遡及　　イ．法律　　ウ．省令　　エ．内閣　　オ．長

　　　　　　　　　　①…………　②…………　③…………　④…………　⑤…………

問3　次の文章の空欄にあてはまる語句を記入しなさい。

　法令が制定されると官報に掲載して国民に知らされる。これを　　　布　という。

応用問題

問　次のなかから，最も適切と思われるものを一つ選び，記号を記入しなさい。

　　ア．裁判官は原則として，過去の裁判例に従うのが義務である。

　　イ．法律行為の当事者は，どのような事情があっても慣習に従うことはない。

　　ウ．商慣習が成文法である民法に優先することがある。

　　　　　　　　　　　　　　　　　　　　　　　　　　　　　　………………

発展問題

問1　次の文章を読み，問いに答えなさい。　　　　　（商業経済検定第5回一部修正）

　国会や都道府県の議会などによって，条文の形でつくられる法が成文法である。これに対し，
条文としては存在しないが，現実に法としての効力をもつものを　①　という。これには慣習法
や判例法などがある。

　法は，一般にその施行前に生じた事項については，適用されないことになっている。これを
　②　の原則という。

(1)　文中の　①　に入る適切な語句を漢字3文字で記入しなさい。
　　　　　　　　　　　　　　　　　　　　　　　　　　　　　………………

(2)　文中の　②　に入る適切な語句はどれか，次のなかから一つ選びなさい。

　　ア．不法行為　　イ．法律不遡及　　ウ．信義誠実
　　　　　　　　　　　　　　　　　　　　　　　　　　　　　………………

**問2　文中の　①　・　②　に入る語句は何か，次のなかから正しい組み合わせを一つ選びなさ
　　い。**　　　　　　　　　　　　　　　　　　　　　（商業経済検定第9回一部修正）

　成文法が制定されると官報などを通じて，広く国民にその内容が知らされることを　①　とい
い，その効力を現実に生じさせることを　②　という。

　　ア．①公布・②実施　　イ．①公布・②施行　　ウ．①告知・②施行

　　エ．①告知・②実施
　　　　　　　　　　　　　　　　　　　　　　　　　　　　　………………

法の体系と解釈・適用

▶▶2　法の分類①

- - -【学習の要点】- -

• 法には，**公法**と**私法**，さらに**社会法**がある。

• **特別法**は**一般法**に優先して適用される。

基本問題

問1　次の(1)〜(5)について，下線部が正しいときには〇を記入し，誤っているときは解答群から
正しいものを選び，記号で答えなさい。

(1)　納税の義務とか選挙権の行使のように，国または地方公共団体と個人との関係を規律する
法を私法という。　　　　　　　　　　　　　　　　　　　　　　　　　（　　　）

(2)　一般に社会法といえば，労働法，経済法，租税法をさす。　　　　　（　　　）

(3)　当事者の意思にかかわらず適用が強制される法を強行規定（強行法規）という。（　　　）

(4)　どのような場合に，誰にどのような権利・義務があるかという，権利・義務の実体そのも
のについて定めた法を実体法という。　　　　　　　　　　　　　　　　（　　　）

(5)　法の効力が及ぶ範囲をみたとき，ある事柄について，特定の人や地域などについて定めて
ある法を一般法という。　　　　　　　　　　　　　　　　　　　　　　（　　　）

【解答群】

ア．社会保障法　　イ．特別法　　ウ．公法　　エ．手続法　　オ．任意規定（任意法規）

問2　次の文章の空欄にあてはまる語句を解答群から一つずつ選び，記号を記入しなさい。

(1)　社会的あるいは経済的な弱者を保護するために，私法の分野にも国家が積極的に関与する
必要が生じ，その結果，生まれた法律が（　①　）である。

(2)　正式名称を「私的独占の禁止及び公正取引の確保に関する法律」といい，経済法の中でも
特に重要な法律を（　②　）という。

(3)　一般法と特別法に同じ事柄について規定があるときは，特別法が一般法に優先して適用さ
れ，これを（　③　）という。

(4)　売買に関する規定など債権契約に関する規定の多くは，当事者の意思が尊重されるので
（　④　）規定に分類される。

(5) 民事訴訟法や刑事訴訟法は，権利・義務を具体的に実現する手続について定めているので
（　⑤　）に分類される。

【解答群】
　ア．特別法優先主義　　イ．任意　　ウ．社会法　　エ．手続法　　オ．独占禁止法

　　　　　　　　　　　①‥‥‥‥‥　②‥‥‥‥‥　③‥‥‥‥‥　④‥‥‥‥‥　⑤‥‥‥‥‥

発展問題

問1　次の文章を読み，問いに答えなさい。　　　　　　　　（商業経済検定第11回一部修正）

　法は，その内容から公法・私法・社会法に分類される。

　さらに，法は，その効力の及ぶ範囲から一般法と特別法に分類される。これは，例えば借家に
ついては「民法」よりも「借地借家法」が優先して適用されるという関係にある。このことを
　①　主義という。

(1) 下線部にあたるものはどれか，次のなかから正しいものを一つ選びなさい。
　　ア．労働基準法　　イ．民事訴訟法　　ウ．刑事訴訟法
　　　　　　　　　　　　　　　　　　　　　　　　　　　　　　　　‥‥‥‥‥‥

(2) 文中の　①　にあてはまる語は何か，次のなかから正しいものを一つ選びなさい。
　　ア．一般法優先　　イ．慣習法優先　　ウ．特別法優先
　　　　　　　　　　　　　　　　　　　　　　　　　　　　　　　　‥‥‥‥‥‥

問2　次の文章を読み，問いに答えなさい。　　　　　　　　（商業経済検定第29回一部修正）

　法は，税金を納める義務や選挙権を行使するなど，国や地方公共団体と国民の関係を規律する
(a)公法と，商品の売買や金銭の貸借，相続などの個人相互の関係を規律する(b)私法に分類するこ
とができる。

　また，法の適用が当事者の意思にかかわりなく強制される強行法規と，(c)契約の効力を定めた
債権に関する法のように，当事者の意思が法と異なる場合には適用が強制されない法規に分類す
ることもできる。

(1) 下線部(a)および下線部(b)の具体例の組み合わせとして，次のなかから正しいものを一つ選
　　びなさい。
　　ア．(a)民法・(b)独占禁止法　　イ．(a)労働基準法・(b)憲法　　ウ．(a)刑法・(b)商法
　　　　　　　　　　　　　　　　　　　　　　　　　　　　　　　　‥‥‥‥‥‥

(2) 下線部(c)を法の分類として何というか，漢字2文字を補って正しい用語を完成させなさ
　　い。
　　　　　　　　　　　　　　　　　　　　　　　　　　　　‥‥‥‥‥‥規定

第**2**節 **法の体系と解釈・適用**

▶▶**2** 法の分類②

- - -【学習の要点】- -

- 民法には，財産関係を規定する**財産法**と，家族関係を規定する**家族法**がある。

基本問題

問1　次の(1)〜(5)について，下線部が正しいときには○を記入し，誤っているときは解答群から正しいものを選び，記号で答えなさい。

(1)　私人相互の関係を規律する私法の一般法である民法は，<u>財産法</u>と家族法に分類される。

（　　　）

(2)　<u>家族法</u>は，物を直接的に支配する権利である物権について規定する物権法と，特定の者に対して一定の行為を要求する権利である債権について規定する債権法に分けられる。

（　　　）

(3)　私法に関する実体法（民法など）と手続法（民事訴訟法など）をまとめて<u>刑事法</u>という。

（　　　）

(4)　民事訴訟法は，私法に関する手続法なので，「民事法と刑事法」という分類では<u>民事法</u>に属する。

（　　　）

(5)　債務不履行責任も，広い意味では<u>民事責任</u>の一種とされている。

（　　　）

【解答群】

　ア．債権法　　イ．刑事法　　ウ．民事法　　エ．刑事責任　　オ．財産法

問2　次の文章の空欄にあてはまる語句を解答群から一つずつ選び，記号を記入しなさい。

(1)　刑事訴訟は，国家（検察官）対私人で争われ，民事訴訟は私人対（　①　）で争われる。

(2)　刑法では，故意に他人の物を損壊すれば器物損壊罪として刑事責任を負うが，（　②　）による場合は，刑事責任を負わない。

(3)　「人を欺いて財物を交付させた者」は（　③　）となる。

(4)　国家の刑罰権の行使を規律する，犯罪と刑罰に関する実体法と手続法をまとめて（　④　）という。

(5)　物を直接的に支配する権利である物権について規定する法律を（　⑤　）という。

　ア．刑事法　　イ．私人　　ウ．過失　　エ．物権法　　オ．詐欺罪

　　　　　　　　　　　①………………②………………③………………④………………⑤………………

問3　次の文章の空欄にあてはまる語句を記入しなさい。

民事法上生じる責任のことを，[　　　]**責任**という。

応用問題

問1　次の文章の空欄にあてはまる語句を，解答群から選びなさい。

　Aは不動産をBに売却した後，その不動産をより高く買うというCが現れたため，Cに売却して登記名義もCに移転してしまった。このとき，[　①　]法においては，Cとの売買は有効とされ，Cがその不動産の所有権を完全に取得する。しかし，[　②　]法においては，登記簿上の所有名義がなお売主にあることを利用して，これを勝手に第三者に売却してその旨の登記をした場合には，[　③　]罪が成立するとされているので，二重譲渡したAは，刑事責任を問われることになる。

【解答群】

　ア．詐欺　　イ．刑事　　ウ．横領　　エ．民事　　オ．器物損壊

　　　　　　　　　　　①………………②………………③………………

問2　次の文章の空欄にあてはまる語句を，漢字2文字で記入しなさい。

　財産法は，物を直接的に支配する権利である[　　　]について定めた法と，特定の者に対して一定の行為を要求する権利である債権について規定する法に分けられる。

発展問題

問　次の文章の空欄にあてはまる語句として，最も適切なものを解答群から一つ選び，記号を記入しなさい。

（商業経済検定第2回一部修正）

　[　　　]は，一定の物を直接に支配して利益を受ける排他的な権利である。たとえば，自分のもっている「自動車」についてみると，自分で乗れるほかに，人に貸して賃貸料を受け取る，さらに人に贈るなど，自由に使用，収益，処分することができる所有権がある。

【解答群】

　ア．債権　　イ．刑罰権　　ウ．物権

　　　　　　　　　　　　　　　　　　　………………

第**2**節 # 法の体系と解釈・適用

▶▶3　法の解釈・適用

- - -【学習の要点】- -
- 具体的な事例に法をあてはめ，一定の法的な判断を導き出すことを**法の適用**という。

基本問題

問1　次の(1)～(5)について，下線部が正しいときには○を記入し，誤っているときは解答群から正しいものを選び，記号で答えなさい。

(1) 法の解釈は，法文の字句，文章の意味を文字どおりに解釈する<u>類推解釈</u>を原則とする。
（　　　）

(2) <u>論理解釈</u>には，法文の意味を広げて解釈する拡張解釈と，逆に狭くして解釈する縮小解釈がある。（　　　）

(3) 法文で定めていない事項について，法文の意味を反対に解釈することを<u>反対解釈</u>という。
（　　　）

(4) 法文で定めていない事項について，類似するほかの事項の法文から推しはかって解釈することを<u>類推解釈</u>という。（　　　）

(5) 刑法では，あらかじめ立法府が制定した法律で，犯罪とされる行為およびそれに科される刑罰が明確に定められていない限り処罰してはならないという罪刑法定主義の原則があるので，<u>文理解釈</u>は認められない。（　　　）

【解答群】
　ア．具体的妥当性　　イ．法の適用　　ウ．文理解釈　　エ．一般的確実性
　オ．類推解釈

問2　次の文章の空欄にあてはまる語句を解答群から一つずつ選び，記号を記入しなさい。

(1) 橋に「車と馬は通行禁止」という立札がある場合に，「馬」の範囲を拡張して，ロバも馬に含まれるから通行禁止だと解釈するのが（　①　）である。

(2) 橋に「車と馬は通行禁止」という立札がある場合に，「車」の範囲を縮小して，自転車は車に含まれないから通行してよいと解釈するのが（　②　）である。

(3) 橋が古くなって危険なため，重量制限の目的で「車と馬は通行禁止」になっている場合，

その趣旨を酌んで「牛」は「馬」ではないが通行禁止だと解釈するのが（　③　）である。

(4)　橋に「車と馬は通行禁止」という立札がある場合に，「牛」は「馬」とはいえないから，規定されていない以上，重量があっても「牛」は通行できると解釈するのが（　④　）である。

【解答群】

　　ア．類推解釈　　　イ．反対解釈　　　ウ．拡張解釈　　　エ．縮小解釈

　　　　　　　　　　　　①………………　②…………　③………………　④………………

応用問題

問　次の文章の空欄にあてはまる語句を解答群から選びなさい。

　法の解釈は，一般的で確実な解釈をしなければならないという（　①　）という側面と，その事案について具体的で妥当な結果をもたらす具体的妥当性という側面の2つの側面を調和しなければならない。（　①　）を重視すると，（　②　）と反対解釈が優れているが，法文の文言にとらわれる結果，具体的妥当性に欠ける場合がある。そこで，法文の目的を考慮した拡張解釈・縮小解釈・（　③　）により，具体的で妥当な結果を導くことになる。

【解答群】

　　ア．文理解釈　　　イ．類推解釈　　　ウ．一般的確実性

　　　　　　　　　　　　①………………　②…………　③………………

発展問題

問　次の文章を読み，問いに答えなさい。　　　　　　　　（商業経済検定第37回一部修正）

　高校生のAは，近所を散歩していたところ河川敷にある管理事務所の入り口に，「敷地内でバーベキュー・花火を禁止します」と書かれた看板をみつけた。Aは(a)これを法としてみて，文言通りに「敷地内でバーベキューや花火は禁止されているのだ」と解釈した。

　一方，(b)看板を法としてみた場合，たき火もバーベキューや花火のように，火気の使用による危険があるとして，その趣旨をくんで敷地内でたき火をすることも禁止ではないかとする解釈もできると考えた。

(1)　下線部(a)のような法の解釈を何というか，漢字2文字を補って正しい用語を完成させなさい。

　　　　　　　　　　　　　　　　　　　　　　　　　　　　………………… 解釈

(2)　下線部(b)を論理解釈としてみた場合，どのように分類されるか，次のなかから適切なものを一つ選びなさい。

　　ア．反対解釈　　　イ．縮小解釈　　　ウ．類推解釈

　　　　　　　　　　　　　　　　　　　　　　　　　　　　…………………

第3節　権利・義務と財産権

▶▶▶1　権利と義務の概要

| 基本問題

問1　次の文章の空欄にあてはまる語句を解答群の中から一つずつ選び，記号を記入しなさい。

(1)　権利と義務は表裏一体の関係にあり，これを（　①　）または権利義務関係という。

（　　　　）

(2)　金銭の支払いや物品の引渡しを請求することのできる権利を（　②　）という。（　　　　）

(3)　権利の行使及び義務の履行は，信義に従い誠実に行わなければならない。これを（　③　）の原則という。

（　　　　）

(4)　権利の行使に特別な利益もないのに，相手方に損害を与えるためだけになされるような，正当な範囲を逸脱した権利の行使を（　④　）という。

（　　　　）

(5)　権利をもったり，義務を負ったりする者を，権利・義務の主体といい，権利・義務の主体となることができる資格を，（　⑤　）という。

（　　　　）

【解答群】

　ア．信義誠実　　イ．権利の濫用　　ウ．権利能力　　エ．法律関係　　オ．債権

問2　次の(1)〜(5)について，下線部が正しいときには〇を記入し，誤っているときは解答群から正しいものを選び，記号で答えなさい。

(1)　<u>公共の福祉</u>とは，社会全体の向上発展のことである。　　　　　　　　（　　　　）

(2)　権利能力をもつ者は，人であり，人には自然人と<u>会社</u>がある。　　　　（　　　　）

(3)　自然人は<u>出生</u>のときから権利能力を取得し，死亡により権利能力は消滅する。　（　　　　）

(4)　生まれる前の胎児であっても，<u>債務不履行</u>，相続，遺贈に関しては，生きて生まれることを条件に，胎児はすでに生まれたものとみなされる。　　　　　　（　　　　）

(5)　普通失踪の場合，生死不明になってから<u>1年</u>が経過したとき，利害関係人が家庭裁判所に請求して，失踪宣告をしてもらうことができる。　　　　　　　　（　　　　）

【解答群】

　ア．損害賠償請求　　イ．信義誠実　　ウ．法人　　エ．7年　　オ．受忍限度

問　次の文章を読んで，問いに答えなさい。

　社会生活が円満に営まれるためには，権利者はその権利を<u>正しく行使し</u>，義務者はその義務を誠実に果たすことが必要である。そこで民法は，次のように定めている。

　　民法第1条　私権は　①　に適合しなければならない。

　　　　2項　権利の行使及び義務の履行は，　②　に従い誠実に行わなければならない。

　　　　3項　　③　は，これを許さない。

(1)　文中の　①　・　②　・　③　にあてはまる語はどれか，次のなかから最も適切な組み合わせを一つ選びなさい。

　　ア．①社会規範・②法律・③環境汚染　　　イ．①公共の規範・②道徳・③権利の請求

　　ウ．①公共の福祉・②信義・③権利の濫用

(2)　下線部の具体例として，最も適切なものを一つ選びなさい。

　　ア．未成年者が飲酒・喫煙する行為　　　イ．商品券で商品を購入する行為

　　イ．9,900㎡の土地に他人の木管が約6.6㎡通っていたので，撤去するか時価の数十倍の値段で買い取るように請求する行為

発展問題

問　次の文章を読み，問いに答えなさい。　　　　　　　　　（商業経済検定第4回一部修正）

　自然人の権利能力は，出生に始まり，死亡したときに消滅する。しかし，海外へいったまま消息がとだえるというような，長い間，生死不明の者がいると，財産の相続や，身分関係の整理がつかないため身内の者は困ることになる。そのため，本人の生死不明の状態が，ふつうの場合は　①　年，船舶の沈没というような特別な危難の場合は，その状態が　②　年続いてから，近親者などの利害関係人が　③　裁判所に請求して，　④　宣告を受けると死亡したものとみなされることになっている。

(1)　文中の　①　にあてはまる最も適切な数字を一つ，選びなさい。

　　ア．5　イ．6　ウ．7

(2)　文中の　②　にあてはまる最も適切な数字を一つ，選びなさい。

　　ア．1　イ．2　ウ．3

(3)　文中の　③　にあてはまる語句を漢字2文字で記入しなさい。

　　　　　　　　　　　　　　　　　　　　　　　　　　　　　　　　　裁判所

(4)　文中の　④　にあてはまる語句を漢字2文字で記入しなさい。

　　　　　　　　　　　　　　　　　　　　　　　　　　　　　　　　　宣告

第3節　権利・義務と財産権

▶▶2　制限行為能力者制度①

- - -【学習の要点】- -

未成年者	満18歳にならない者
成年被後見人	精神上の障害などにより，意思能力を欠く状態がおおむね継続している者
被保佐人	精神上の障害などにより，意思能力が著しく不十分な者
被補助人	精神上の障害などにより，意思能力が不十分な者

┃ 基本問題

問1　次の文章の空欄にあてはまる語句を解答群の中から一つずつ選び，記号を記入しなさい。

(1)　自分の行為の結果を正常に判断できる能力を（　①　）という。　　　　　　（　　　）

(2)　商店で品物を買う売買契約のように，自分の意思にもとづいて権利・義務を発生させる行為を（　②　）という。　　　　　　　　　　　　　　　　　　　　　　　（　　　）

(3)　1人で完全に有効な法律行為をすることができる資格を（　③　）という。　（　　　）

(4)　未成年者が法律行為をするには，原則として法定代理人の（　④　）が必要である。

　　　　　　　　　　　　　　　　　　　　　　　　　　　　　　　　　　　　（　　　）

(5)　精神上の障害などにより，意思能力を欠く状態がおおむね継続している者は，本人や家族の請求により，家庭裁判所が後見開始の審判をすると，（　⑤　）となり，成年後見人がつけられる。　　　　　　　　　　　　　　　　　　　　　　　　　　　　　　　（　　　）

【解答群】

　ア．意思能力　　イ．成年被後見人　　ウ．法律行為　　エ．行為能力　　オ．同意

問2　次の(1)〜(4)について，下線部が正しいときには○を記入し，誤っているときは解答群から正しいものを選び，記号で答えなさい。

(1)　小遣いのように目的を定めないで使用が許された金銭を使う行為などの場合は，未成年者は1人で有効な<u>法律行為</u>をすることができる。　　　　　　　　　　　　　　　（　　　）

(2)　成年被後見人がおこなった法律行為は，日用品の購入などの一定の行為を除いて，<u>成年被後見人</u>または成年後見人によって取り消すことができる。　　　　　　　　　　（　　　）

(3)　精神上の障害などにより，意思能力が著しく不十分な者は，本人や家族などの請求によ

り，家庭裁判所が保佐開始の審判をすると，成年被後見人となり，保佐人がつけられる。

（　　　）

(4) 制限行為能力者制度では，保護者を無視しておこなった被保護者の行為は本人も保護者も取消しができる。

（　　　）

【解答群】

ア．被保佐人　　イ．損害賠償　　ウ．家庭裁判所　　エ．被補助人　　オ．成年被後見人

応用問題

問　次の文章の空欄にあてはまる語句を，漢字 4 文字で記入しなさい。

未成年者が法律行為をするには，原則として □□□□ 人の同意を得る必要がある。

発展問題

問　次の文章を読み，問いに答えなさい。　　　　　　　　　（商業経済検定第 27 回一部修正）

社会生活において，権利をもったり，義務を負ったりする者を，権利・義務の主体といい，権利・義務の主体となることのできる資格を権利能力という。今日では，人はすべて平等に権利能力をもち，権利を得たり，義務を負ったりするなどの法律行為を行うことができる。

しかし，他人から物品を購入する，借金をするなどの法律行為に関しては，(a)意思能力の不十分な人が不利な取引をすることで，損害を受けることもある。そのため，意思能力の有無にかかわらず，これらの人が不利な取引をしないように，未成年者・被補助人・被保佐人・(b)成年被後見人の 4 種を制限行為能力者と定め，保護する制度をおいている。

(1) 下線部(a)の意味として，次のなかから適切なものを一つ選びなさい。

　ア．自分のおこなった行為について，正常に覚えておくことができる能力

　イ．自分のおこなおうとしている行為の意味や性質について，正常に判断することができる能力

　ウ．自分がおこなった行為について，相手に理解させることができる能力　　　　　　　・・・・・・・・・・・・・・・・・・・

(2) 下線部(b)の説明として，次のなかから適切なものを一つ選びなさい。

　ア．精神上の障害により，意思能力を欠く常況にある者で，食料品や日用品などの購入以外の法律行為は，単独でできない。

　イ．精神上の障害により，意思能力が著しく不十分な者で，法定代理人の同意なしでは重要な法律行為は，単独でできない。

　ウ．軽度の精神上の障害により，意思能力が不十分な者で，特定の法律行為を取り消すことができる。　　　　　　　　　　　　　　　　・・・・・・・・・・・・・・・・・・・

第3節 権利・義務と財産権

▶▶2 制限行為能力者制度②

- - -【学習の要点】- -

- 特定の者に対して，履行，申出，確答など一定の行為を請求することができる権利を**催告権**という。

基本問題

問1　次の文章の空欄にあてはまる語句を解答群の中から一つずつ選び，記号を記入しなさい。

(1) 制限行為能力者と取引をした相手方には（　①　）が与えられている。　　　（　　　）

(2) 制限行為能力者と取引をした相手方は，制限行為能力者が行為能力者になった後は法定代理人，保佐人，補助人に対して，制限行為能力者であるうちは本人に対して，（　②　）以上の期間を定めて，取り消すことができる行為を追認するかどうか確答するように，催告することができる。　　　　　　　　　　　　　　　　　　　　　　　　　　　　　（　　　）

(3) 取消しのできる法律行為は，取り消されるまではいちおう有効に成立しており，取り消されることによって，はじめに遡って（　③　）となる。　　　　　　　　　（　　　）

(4) 成年被後見人・被保佐人・被補助人の保護者の代理権や同意権などは法律の範囲で定められており，これを（　④　）という。　　　　　　　　　　　　　　　　　（　　　）

(5) 将来の自分の生活や療養看護に関する事務をおこなう任意後見人を決定し，その者に代理権を与える任意後見契約を結ぶしくみを（　⑤　）という。　　　　　　　（　　　）

【解答群】

　ア．法定後見制度　　イ．催告権　　ウ．任意後見制度　　エ．1か月　　オ．無効

問2　次の文章で正しいものには○を，間違っているものには×をつけなさい。

(1) 特定の者に対して，履行，申出，確答など一定の行為を請求することができる権利を催告権という。　　　　　　　　　　　　　　　　　　　　　　　　　　　　　　（　　　）

(2) 不完全な法律行為を，後から確定的に有効にするという意思表示を確認という。（　　　）

(3) 制限行為能力者が相手方を欺いて，行為能力者であると誤信させ取引をした場合は，もはや保護する必要はないので，その行為を取り消すことはできない。　　　　　（　　　）

(4) 取消しのできる法律行為について，取り消すことのできる者が，取り消しの原因となって

いた状況が消滅した後に，代金を支払うなどの一定の行為をしたときは，追認をしたものとみなされる。　　　　　　　　　　　　　　　　　　　　　　　　　　　　　　（　　　）

(5)　追認できるようになってから20年間取り消さないでいる場合や，法律行為のときから3年が経過したときは，取り消すことができなくなる。　　　　　　　　　（　　　）

応用問題

問　次の文章の空欄にあてはまる語句を記入しなさい。

(1)　精神上の障害により判断が不十分になる状況に備えて，意思能力が十分なうちに本人が任意後見人を決定し，その者に代理権を与える任意後見契約を結んでおく制度を

|　|　|　|　| **制　度** |という。

(2)　成年後見人・保佐人・補助人の代理権や同意権の範囲などを法律で定める制度を

|　|　|　|　| **制　度** |という。

発展問題

問1　次の文章を読み，問いに答えなさい。　　　　　　　　（商業経済検定第27回一部修正）

　民法では，制限行為能力者が単独で法律行為をした場合は，一定の条件内で取り消しを求めることができるとしている。その一方で，制限行為能力者と取引をした相手方を保護する制度として，法定代理人に対して，<u>一定期間を定め，その期間内でその取引を認めるかどうか確答することを求めることができる</u>としている。なお，その期間内に確答がない場合には，　　　　　。

(1)　下線部に記されている期間は，民法上どのように規定されているか，次のなかから最も適切なものを一つ選びなさい。

　　ア．10日以上　　イ．20日以上　　ウ．1か月以上　　　　　　　　　……………

(2)　下線部に記されている権利として，最も適切なものを一つ選びなさい。

　　ア．代理権　　イ．催告権　　ウ．所有権　　　　　　　　　　　　　……………

(3)　文中の　　　　にあてはまるものとして，次のなかから適切なものを一つ選びなさい。

　　ア．取引を認めたことになる　　イ．取引を取り消したことになる

　　ウ．取引は無効となる　　　　　　　　　　　　　　　　　　　　　　……………

問2　公序良俗に反する契約は無効となるが，その具体例として最も適切なものを一つ選びなさい。　　　　　　　　　　　　　　　　　　　　　　　（商業経済検定第11回一部修正）

　　ア．宝くじの大量購入　　イ．とばく行為　　ウ．トランプ占い行為

　　　　　　　　　　　　　　　　　　　　　　　　　　　　　　　　　　……………

第3節 権利・義務と財産権

▶▶3 物権の概要①

- - -【学習の要点】- -

権利の主体	自然人や法人など
権利の客体	有形・無形の資産，信用などの総称で物が中心となる

基本問題

問1　次の文章で正しいものには○を，間違っているものには×をつけなさい。

(1) 財産を支配し，利用できる権利を財産権といい，これには物権，債権，知的財産権などがある。　　　　　　　　　　　　　　　　　　　　　　　　　　　　　　　（　　　）

(2) 有体物と無体物をあわせて物という。　　　　　　　　　　　　　　　　（　　　）

(3) 不動産とは，土地およびその定着物をいう。　　　　　　　　　　　　　（　　　）

(4) 土地は，不動産登記簿に1つの物として記載された一定範囲のもので，地中の岩石・土砂は含まない。　　　　　　　　　　　　　　　　　　　　　　　　　　　　　（　　　）

(5) 定着物とは，土地に継続的に固定した物，もしくは固定させた物をいい，樹木・石垣・橋・池・溝・まかれた種や肥料などである。　　　　　　　　　　　　　　　　（　　　）

(6) 動産とは，不動産以外の物である。　　　　　　　　　　　　　　　　　（　　　）

(7) 金庫と鍵などのように，2つの独立した物がお互いに経済的効用を補い合っている場合に，その補われている物（金庫）を従物，補っている物（鍵）を主物とよぶ。（　　　）

(8) 物から生じる経済的収益を果実，果実を生じる物を元物という。　　　　（　　　）

(9) 田畑からとれる米・果物などを法定果実，賃料・利息などを天然果実という。（　　　）

応用問題

問　次の文章を読んで問いに答えなさい。

物の分類方法については，いろいろな方法があるが，(a)有体物と無体物，(b)主物と従物，(c)元本と果実といった分類が主なものである。

(1) 建物と建物のなかの「襖（ふすま）」の関係は，下線部(a)〜(c)のどれにあたるか，正しいものを一つ選びなさい。　　　　　　　　　　　　　　　　　　　　　　　……………

(2) 下線部(b)に関して，次のなかから最も適切と思われるものを一つ選びなさい。

ア．主物と従物はそれぞれ独立性が認められるので，ともに処分されることはない。

イ．主物である建物の所有権が移転すると従物である畳の所有権も移転する。

ウ．従物である畳の所有権が移転すると主物である建物の所有権も移転する。

(3) 下線部(c)に関して，「貸付金から発生した受取利息」は次のうちのどれに相当するのか，最も適切なものを一つ選びなさい。

ア．天然果実　　イ．法定果実　　ウ．元物

発展問題

問　次の文章を読み，問いに答えなさい。　　　　　（商業経済検定第28回一部修正）

　自然人や法人は，権利の　①　として財産を支配しており，この支配を通して経済生活を行っている。これらの支配している財産を権利の　②　といい，その中心となるのが物である。物とは，経済生活に役立ち，しかも人間が自由に使用し，取引することができるものをいう。有体物は，民法ではすべて物である。ただし，(a)刑法上，有体物ではないが，物として扱われるものもある。また，物と物とのあいだには，特別な関係がある場合があり，主物と従物や(b)元物と果実がその例である。果実は天然果実と(c)法定果実に分けることができる。

［事例］

　AはBの所有する土地付き一戸建ての不動産を購入しようとしていた。この物件の庭には，高価な庭石やBが購入した散水ホースがあった。Aは，この物件を買えば，どちらも自分のものになると思い売買契約を締結した。しかし，引き渡しの日に庭を見ると庭石は取り外され，散水ホースもなかった。AはBに「庭石も散水ホースも，どちらも私のものになるはずです」と主張した。一方，Bは「建物と土地を売りましたが，庭石も散水ホースを売った覚えはありません」と主張した。このように，お互いの主張が食い違うが，(d)庭石や散水ホースは，主物と従物の関係から，誰の所有物となるのだろうか。

(1) 　①　・　②　にあてはまる組み合わせとして，最も適切なものを一つ選びなさい。

　ア．①客体・②主体　　イ．①主体・②客体　　ウ．①主体・②主体

(2) 下線部(a)は何か，次のなかから正しいものを一つ選びなさい。

　ア．光　　イ．音響　　ウ．電気

(3) 下線部(b)と下線部(c)の関係を満たす組み合わせとして，次のなかから最も適切なものを一つ選びなさい。

　ア．(b)畑・(c)野菜　　イ．(b)貸家・(c)家賃　　ウ．(b)腕時計・(c)バンド

(4) 本文の主旨から，下線部(d)について，次のなかから最も適切なものを一つ選びなさい。

　ア．庭石はAの所有物になるが，散水ホースはBの所有物となる。

　イ．散水ホースは不動産の従物なので，Aの所有物になるが，庭石はBの所有物となる。

　ウ．庭石も散水ホースも不動産の従物なので，どちらもAの所有物となる。

権利・義務と財産権

▶▶3 物権の概要②

| 基本問題

問1　次の文章で正しいものには○を，間違っているものには×をつけなさい。

(1) 物権とは，人が一定の物を直接，そして排他的に支配できる財産権をいう。　　（　　　）

(2) 物権の種類や内容は，自由に設定することができる。　　　　　　　　　　　（　　　）

(3) 地上権・永小作権・地役権および入会権は用役物権といい，他人の物を一定の範囲で使用・収益する内容である。　　　　　　　　　　　　　　　　　　　　　　（　　　）

(4) 留置権・先取特権・質権・抵当権は担保物権といい，物を債権の担保に提供させることを趣旨としている。　　　　　　　　　　　　　　　　　　　　　　　　　　（　　　）

(5) 所有権は物を現実に所持している状態を保護し，占有権は物に対する全面的支配を認めるものである。　　　　　　　　　　　　　　　　　　　　　　　　　　　　（　　　）

(6) 所有権は，物を自由に使用し，収益し，処分することのできる権利であり，最も完全なかたちの物権である。　　　　　　　　　　　　　　　　　　　　　　　　　（　　　）

(7) 所有権の行使は無制限ではなく，公共の福祉に適合するように法令による制限を受ける。　　　　　　　　　　　　　　　　　　　　　　　　　　　　　　　　　　（　　　）

(8) 民法の規定では，隣の土地から200cm未満の敷地には建物は建てられない。　　（　　　）

(9) 民法の規定では，地上の枝が伸びてきても切取り請求しかできないが，地下の根は勝手に切り取ることができる。　　　　　　　　　　　　　　　　　　　　　　　　（　　　）

(10) 袋地の所有者は，その袋地を囲むほかの土地（囲繞地）を一定の制限のもとに通行することができる。　　　　　　　　　　　　　　　　　　　　　　　　　　　　　（　　　）

問2　次の(1)～(3)について，空欄にあてはまる語句を解答群の中から一つずつ選び，記号を記入しなさい。

(1) 物権の種類や内容があらかじめ法律によって定められていることを，（　①　）という。

(2) 債権には排他性がないので，物権と債権とが重なれば物権が債権に優先する。これを物権の（　②　）という。

(3) 袋地の所有者が，その袋地を囲むほかの土地を一定の制限のもので通行できる権利を（　③　）という。

【解答群】

ア．優先的効力　　イ．囲繞地通行権　　ウ．物権法定主義

　　　　　　　　　　　　　　　　　①................　②................　③................

::::: 発展問題

問1　次の文章を読み，問いに答えなさい。　　　　　　　　（商業経済検定第6回一部修正）

　物権は，個人が勝手に，法に定められた以外の物権を設定することができない。これを　①　
という。

　民法では物権について　②　種類のものが認められている。そのうち，　③　は最も完全なか
たちの物権である。たとえば，自分の持っている「自動車」についてみると，自分で乗れるほか
に，人に貸して賃貸料を受け取る，さらに人に贈るなど，自由に使用・収益・　④　することが
できる。

(1)　　①　にあてはまる最も適切な語句を次のなかから一つ選びなさい。

　　ア．特別法優先主義　　イ．物権の優先的効力　　ウ．物権法定主義

　　　　　　　　　　　　　　　　　　　　　　　　　　　　　　..................

(2)　　②　にあてはまる最も適切な数字を次のなかから一つ選びなさい。

　　ア．8　　イ．9　　ウ．10

　　　　　　　　　　　　　　　　　　　　　　　　　　　　　　..................

(3)　　③　にあてはまる最も適切な語句を次のなかから一つ選びなさい。

　　ア．賃借権　　イ．所有権　　ウ．永小作権

　　　　　　　　　　　　　　　　　　　　　　　　　　　　　　..................

(4)　　④　にあてはまる最も適切な語句を次のなかから一つ選びなさい。

　　ア．売却　　イ．譲渡　　ウ．処分

　　　　　　　　　　　　　　　　　　　　　　　　　　　　　　..................

問2　次の文章を読み，問いに答えなさい。

（商業経済検定第27回一部修正）

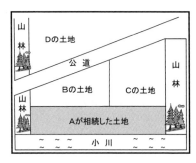

　Aは，自分が相続した土地を確認するため，登記簿謄
本をもとに別荘地に行った。すると，その土地は上図の
ように，四方が山林や小川，さらに他人の土地に囲まれ
ており，公道に通じていないことがわかった。

(1)　下線部のような土地を何というか，次のなかから最も適切なものを一つ選びなさい。

　　ア．袋地　　イ．囲繞地　　ウ．承役地

　　　　　　　　　　　　　　　　　　　　　　　　　　　　　　..................

(2)　Aが周辺の住民に請求した内容として最も適切なものを一つ選びなさい。

　　ア．山林を開拓して新たに道路を拡張する旨の了解を得ようとした。

　　イ．小川に橋を建築し，反対側にでるための費用の寄付を申し出た。

　　ウ．公道に一番近いBの土地の一部を利用して通行できるようにしてもらった。

　　　　　　　　　　　　　　　　　　　　　　　　　　　　　　..................

第3節　権利・義務と財産権

▶▶3　物権の概要③

- - 【学習の要点】 -

● 用益物権の種類

地上権	建物・橋・池・トンネルなどの工作物や植林などのために，他人の土地を利用できる権利
永小作権	耕作や牧畜をおこなうために，小作料を払って，他人の土地を使用できる権利
地役権	通行したり，引水したりするなど，自分の土地の利用のために他人の土地を利用できる権利
入会権	農村などの一定地域の住民が，慣習にもとづいて一定の山林や原野に入り会って，草やたき木などを採取したり，牛馬を放牧したりすることのできる権利

基本問題

問1　次の文章で正しいものには○を，間違っているものには×をつけなさい。

(1) 用益物権とは，他人の動産を一定の目的のために使用・収益することのできる物権である。　　　　　　　　　　　　　　　　　　　　　　　　　　　　（　　　）

(2) 担保物権とは，目的物を債権の担保に供することを目的とする物権である。　（　　　）

(3) 建物・橋・池・トンネルなどの工作物や植林などのために，他人の土地を利用できる権利を入会権という。　　　　　　　　　　　　　　　　　　　　　　（　　　）

(4) 耕作や牧畜をおこなうために小作料を払って，他人の土地を使用できる権利を永小作権という。　　　　　　　　　　　　　　　　　　　　　　　　　　　（　　　）

(5) 通行したり，引水したりするなど，自分の土地の利用のために他人の土地を利用できる権利を地役権という。　　　　　　　　　　　　　　　　　　　　　（　　　）

(6) 農村などの一定地域の住民が，慣習にもとづいて一定の山林や原野に入り会って，草やたき木などを採取したり，牛馬を放牧したりすることのできる権利を地上権という。（　　　）

(7) 本を持っているとか，家に住んでいるというように，人が現実に物を支配している状態を占有といい，占有（所持）することにより生じる権利を占有権という。　　　（　　　）

(8) 占有権は，占有していることが法律上正当な権利（本権）にもとづいているかどうかに大きくかかわる権利である。　　　　　　　　　　　　　　　　　　　　　（　　　）

(9) 盗んだ物を所持している場合であっても占有権が認められ，所有者はそれを実力で取り戻

すことができない。　　　　　　　　　　　　　　　　　　　　（　　　）

⑽　Ａの自転車が盗まれ，それがＢのもとにあるということがわかった場合，原則としてＡ
はＢの家に入り，自分の自転車を持ち帰ることができる。　　　　　　　（　　　）

⑾　占有者が占有を奪われたときは，侵害のときから１年以内に限り，占有回収の訴えによ
り，その物の返還を請求することができる。　　　　　　　　　　　　（　　　）

⑿　占有を妨害された場合は，占有保全の訴えによって妨害の停止を請求することができ，占
有を妨害されるおそれがあるときは，占有保持の訴えによって妨害の予防を請求することが
できる。　　　　　　　　　　　　　　　　　　　　　　　　　　　　（　　　）

⒀　第三者が理由なく所有権を侵害している場合には，その第三者に対して所有権の完全な支
配状態を回復する請求権をもっている。　　　　　　　　　　　　　　（　　　）

問2　次の文章を読み，問いに答えなさい。

　他人が所有している土地を利用する権利として，民法では(a)用益物権がある。用役物権は制限
された範囲で物を支配することのできる物権である。たとえば(b)空中にモノレールや連絡路を敷
設したり，地下に地下街や地下鉄を通したりすることができる権利もある。

(1)　下線部(a)について，たとえば自分の所有する水田に水を引くために，他人の土地を利用す
るといった権利は，次のなかのどれにあたるか，最も適切なものを一つ選びなさい
　　ア．永小作権　　イ．地役権　　ウ．地上権　　　　　　　　　　…………………

(2)　下線部(b)を何というか，次のなかから適切なものを一つ選びなさい。
　　ア．地役権　　イ．地上権　　ウ．入会権　　　　　　　　　　　…………………

| 発展問題

問1　次の文章を読み，下線部のような請求をする権利を何というか，次のなかから最も適切な
ものを一つ選びなさい。　　　　　　　　　　　　　　　　（商業経済検定第26回一部修正）

　Ａは自宅を建築しようと思い，Ｂ不動産店が所有する土地を購入することにした。土地の購入
にあたり，ＡとＢ不動産店は土地の確認をしたところ，この土地の隣家Ｃの樹木が大きく傾き，
今にも倒れそうになっているのを見つけた。そこで，ＡとＢ不動産店は，Ｃに対して「樹木が
倒れそうなので，この土地に倒れないように措置してくれませんか」と依頼した。

　　ア．妨害予防請求権　　イ．妨害排除請求権　　ウ．返還請求権　　…………………

問2　「トンネルを通すために他人の所有する土地を使用することができる用益物権」を何とい
うか，次のなかから適切なものを一つ選びなさい。　　　　　　　（商業経済検定第30回一部修正）

　　ア．地上権　　イ．地役権　　ウ．入会権　　　　　　　　　　　…………………

権利・義務と財産権

▶▶4 債権の概要①

:| 基本問題 |

問1　次の文章で正しいものには○を，間違っているものには×をつけなさい。

(1)　債権とは，ある人が特定の人に対し，一定の行為を請求できる財産権をいう。　（　　　）

(2)　債権に対応する義務が債務であり，この義務を負う者を債務者という。　　　　（　　　）

(3)　物権は人が自分の物を使用するように，人対人の関係であるが，債権は物の引き渡しを請求するなど人対物の関係といえる。　　　　　　　　　　　　　　　　　　　　（　　　）

(4)　債務者が債務を履行しないとき，債権者は自力で債務者の一般財産を差し押さえ，満足を得ることになる。　　　　　　　　　　　　　　　　　　　　　　　　　　　　（　　　）

(5)　強制執行の対象になる債務者の一般財産を責任財産といい，責任財産は，債権の価値を保障するうえで重要な意味をもっている。　　　　　　　　　　　　　　　　　　（　　　）

(6)　債権者が自分の債権を保全するために，債務者に代わってその権利を行使する詐害行為取消権と，行為を取り消して財産を回復させる債権者代位権がある。　　　　　（　　　）

(7)　債権者代位権も詐害行為取消権も，債権者が第三者に対して権利を主張することを認める権利なので，債権の対外的効力といわれる。　　　　　　　　　　　　　　　　（　　　）

問2　次の文章の空欄にあてはまる語句を答えなさい。

(1)　債権の目的である給付には，代金の支払いや物の引渡しのような（　①　）と，隣地を観望しないとか，夜はピアノを弾かないというような（　②　）とがある。

(2)　強制執行の対象になる債務者の一般財産を（　③　）という。

(3)　債権者代位権を行使するには，3つの要件を満たす必要がある。

　第一に債権者が自分の債権を保全する必要があることであり，自分の債権を保全する必要があるといえるためには債務者が（　④　）の状態でなければならない。ただし，登記・登録をしなければ権利の得喪や変更を第三者に対抗することができない財産を譲り受けた者は，債権者代位権を行使できる。その場合，譲受人の（　④　）は要件とされない。

　第二に債権者代位権を行使するには，債務者が自ら権利を行使しないという要件が必要である。

　第三に債権者の債権が弁済期に達していることが必要である。例外として，（　⑤　）は，弁済期前でも自由に代位権を行使できる。たとえば，時効にかかろうとしている債務者の権利の時

効の更新をするといった行為が挙げられる。

　　　①　　　　　　　②　　　　　　　③　　　　　　　④　　　　　　　⑤

応用問題

問　次の選択肢のうち，最も適切なものを一つ選び，記号を記入しなさい。

　　ア．不動産がAからB，BからCへと売買されたが，その不動産の登記名義はAのままだった。このときCは，BのAに対する所有権移転登記請求権を代位行使できる。ただし，Bは無資力ではなく，かなりの資産家である。

　　イ．債権者の債権が弁済期前の場合には，保存行為（財産の現状を維持する行為）も含めて，いかなる債権者代位権の行使も認められない。

　　ウ．AはBに，令和○年5月10日を返済日として金銭を貸し付けていた。ただし，緊急の場合には，令和○年4月25日であっても債権者代位権を行使することができる。ただし，令和○年4月25日には，Bは無資力になっていたとする。

　　　　　　　　　　　　　　　　　　　　　　　　　　　　　　　　　　　　　　　.....................

発展問題

問1　次の文章を読み，問いに答えなさい。　　　　　　　　　　　　（商業経済検定第9回一部修正）

　民法は，債権などの財産権を確保する1つの方法として，債務者の財産を確保し，債権者の利益を保護するために，一定の要件のもとに，債権者が第三者に対しても権利を主張することを認めている。これには債権者代位権と，債務者が債権者に損害を与えることを知りながらおこなった行為を無効にすることができる□□□□□がある。

　(1)　下線部の説明として最も適切なものを一つ選びなさい。

　　ア．債務者の財産から他に優先して弁済が受けられる権利

　　イ．債務者の債務不履行に対して損害賠償を請求できる権利

　　ウ．債務者のもっている権利をかわって行使できる権利

　　　　　　　　　　　　　　　　　　　　　　　　　　　　　　　　　.....................

　(2)　文中の□□□□□にあてはまる語句として最も適切なものを一つ選びなさい。

　　ア．慰謝料請求権　　　イ．妨害排除請求権　　　ウ．詐害行為取消権

　　　　　　　　　　　　　　　　　　　　　　　　　　　　　　　　　.....................

問2　次の文章の□□□□□にあてはまる語句として最も適切なものを一つ選びなさい。

　　　　　　　　　　　　　　　　　　　　　　　　　　　　　　　　（商業経済検定第4回一部修正）

　債権者の債務者に対する権利は，原則として債務者以外の第三者に対しては主張できないが，債権者の利益を保護するために，一定の要件のもとに，第三者に対しても権利を主張することが認められている場合がある。これを債権の対外的効力といい，□□□□□と詐害行為取消権がある。

　　ア．妨害予防請求権　　　イ．占有訴権　　　ウ．債権者代位権

　　　　　　　　　　　　　　　　　　　　　　　　　　　　　　　　　.....................

第**3**節　**権利・義務と財産権**

▶▶▶4　債権の概要②

- - -【学習の要点】- -

- 詐害行為取消権を行使するためには，債務者が詐害行為をおこない，それが財産権を目的とする行為で，債務者が債権者を害することを債務者や受益者が知っていたことや，詐害行為前の原因に基づいて生じた債権であること，強制執行により実現できる債権であることなどの要件がある。

基本問題

問　次の文章で正しいものには○を，間違っているものには×をつけなさい。

(1) 債権者に損害を与えることを知りながら，債務者が自分の財産を減少させる行為を詐害行為という。　　　　　　　　　　　　　　　　　　　　　　　　　（　　　）

(2) 詐害行為をした場合，債権者はその行為の無効を裁判所に請求することができる。

（　　　）

(3) 債務者が債権者を害する行為とは，債務者が財産を減少させて債務超過の状態になり，債権者が完全な弁済を受けることを困難にすることである。　　　　　　（　　　）

(4) 財産を贈与したり，不当に安く譲渡したりしても，なお弁済に十分な資力があれば，詐害行為取消権の対象になる。　　　　　　　　　　　　　　　　　　（　　　）

(5) 財産権を目的としない，婚姻，離婚，養子縁組，相続の承認・放棄のような身分行為は，第三者の介入を認めると人格的自由の侵害になるため，たとえ財産状態が悪化しても，詐害行為取消権の対象にはならない。　　　　　　　　　　　　　　　　　（　　　）

(6) 詐害行為取消権を行使するためには，贈与や不当に安い価格の売買など，債権者を害する度合いの強い行為について，行為の相手方が，債権者を害することを意図していたり，欲していたりした事実が必要になる。　　　　　　　　　　　　　　　　　（　　　）

(7) 詐害行為取消請求できるのは，詐害行為前の原因にもとづいて生じた債権に限られる。

（　　　）

(8) 詐害行為取消権は，強制執行できない債権についても行使することができる。（　　　）

問1　次の文章の空欄にあてはまる語句を，解答群から一つずつ選び，記号を記入しなさい。

(1) 債権者代位権とは異なり，詐害行為取消権を行使する場合には，詐害行為の取消しを（　①　）に請求しなければならない。

(2) 詐害行為取消権における「債務者および受益者（行為の相手方）が，債権者を害することを知っていたこと」は，受益者が債務者の（　②　）を認識していればよい。

(3) 詐害行為取消権は（　③　）できない債権については，行使することができない。

(4) 受益者に対する詐害行為取消請求が認容されると，受益者は移転した財産を返還しなければならないが，（　④　）または動産の場合は，債権者は自己に対して返還するよう求めることができる。

【解答群】

ア．債務超過　　イ．強制執行　　ウ．金銭　　エ．裁判所

①…………………　②…………………　③…………………　④…………………

問2　次の文章を読み，問いに答えなさい。

　AはBに対して5,000万円の債権をもっているが，Bはただ一つの財産である時価3,000万円相当の土地を，Aを害することを知りつつもCに贈与してしまった。

　このとき民法の原則でいえば，AはBから　①　。しかし，この原則を貫くとAの利益を損なううえに，BはAを害することを知りつつ詐害行為をおこなったのだからBを保護する必要性は薄い。そこで，民法424条では　②　という権利を定めた。この権利はAにとっては他人間の法律行為であるBとCの贈与契約を取り消すという重大な効果をもつものであるから，必ず　③　に請求しなければならない。

(1) 　①　にあてはまる最も適切な文章を選びなさい。

　　ア．強制執行をおこなって債権を回収できる。

　　イ．強制執行をおこなっても債権をまったく回収できない。

　　ウ．債権を回収できないが，Cから債権を回収することになる。………………

(2) 　②　にあてはまる語句を漢字7文字で答えなさい。………………………

(3) 　③　にあてはまる最も適切な語句を選びなさい。

　　ア．債務者B　　イ．裁判所　　ウ．法務省………………

第3節 権利・義務と財産権

▶▶4 債権の概要③

- - -【学習の要点】- -

- 財産的価値を有する私権を表章する証券を有価証券という。

基本問題

問1　次の文章で正しいものには○を，間違っているものには×をつけなさい。

(1) 有価証券の具体例として，株式を表した手形や債券などがある。　　　　（　　　）

(2) 財産的価値を有しない親族法上の権利なども有価証券とすることができる。　（　　　）

(3) 契約書・銀行預金通帳・保険証券なども有価証券である。　　　　　　（　　　）

(4) 有価証券のうち，特定の者またはその指図した人を権利者とする旨（指図文句）を証券面に記載したものを指図証券という。　　　　　　　　　　　　　　　（　　　）

(5) 指図証券の所持人が裏書の連続により権利を証明したときは，適法に権利を有するものと推定される。　　　　　　　　　　　　　　　　　　　　　　　　　（　　　）

(6) 債権者を指名した証券で，その所持人に弁済する旨が付記されているものを記名式所持人払証券といい，その譲渡には証券の交付が必要とされる。ただし，記名式所持人払証券を所持しているからといって，証券上の権利を適法に有するものとは推定されない。　（　　　）

(7) 権利者が有価証券を紛失した場合，証券と権利の結合を解く手続が必要になる。そのために，公示催告と除権決定という制度が用意されている。　　　　　　（　　　）

(8) 金券は金券自体が価値をもっている。　　　　　　　　　　　　　　　（　　　）

問2　次の(1)〜(5)のうち，条件にあてはまるものにはAを，それ以外にはBを記入しなさい。

【条件】有価証券

(1) 倉荷証券　　(2) 紙幣　　(3) プリペイドカード　　(4) 社債券　　(5) 銀行預金通帳

(1) ………………　(2) ………………　(3) ………………　(4) ………………　(5) ………………

応用問題

問1　次の文章の空欄にあてはまる語句を，解答群から一つずつ選び，記号を記入しなさい。

(1) 証券面に権利者が記載されていない証券を（　①　）という。

(2) 権利者が有価証券を紛失したことを裁判所に申し立てると，裁判所は，有価証券を所持する者は一定期間内に有価証券を提出して権利を主張すべきことを公告する。これを（ ② ）という。そして，期間内に届出がない場合には，有価証券の無効を宣言する。これを（ ③ ）という。

(3) 特定の者またはその指図した人を権利者とする旨（指図文句）を証券面に記載した有価証券を（ ④ ）という。（ ④ ）は，（ ⑤ ）によって譲渡することができる。

【解答群】

　　ア．除権決定　　イ．裏書　　ウ．無記名証券　　エ．公示催告　　オ．指図証券

①　　　　　　②　　　　　　③　　　　　　④　　　　　　⑤

問2　次の文章を読み，問いに答えなさい。

　Aは小切手を紛失してしまった。銀行の窓口で小切手を呈示して，現金を受け取るつもりだったが，やむを得ず証券と権利の結合を解く手続をおこなうことにした。この手続では，小切手を紛失したことをAが裁判所に申し立てると，裁判所は，<u>有価証券を所持する者は一定の期間内に有価証券を提出して権利を主張すべきことを公告し</u>，期間内に届出がない場合には，裁判所が有価証券の　①　を宣言し，証券と権利の結合が解かれるというものである。この有価証券の　①　を宣言することを　②　という。

(1) 下線部を何というか，最も適切な語句を一つ選びなさい。

　　ア．公示催告　　イ．除権決定　　ウ．強制執行　　　　　　　　　　　　　　　　　・・・・・・・・・

(2) 　①　にあてはまる最も適切な語句を一つ選びなさい。

　　ア．取消し　　イ．無効　　ウ．紛失　　　　　　　　　　　　　　　　　　　　　　・・・・・・・・・

(3) 　②　にあてはまる最も適切な語句を一つ選びなさい。

　　ア．公示催告　　イ．除権決定　　ウ．強制執行　　　　　　　　　　　　　　　　　・・・・・・・・・

発展問題

問1　次の文章の下線部(a)，(b)，(c)，(d)のそれぞれにあてはまる有価証券は，どの組み合わせが正しいか，解答群のなかから最も適切なものを一つ選び，記号を記入しなさい。

(商業経済検定第7回一部修正)

　有価証券の具体例として(a)<u>金銭債権を表すもの</u>，(b)<u>一定の物の引渡請求権を表すもの</u>，(c)<u>商品の給付請求権を表すもの</u>，株式を表すものなどがある。

【解答群】

　　ア．(a)商品券・(b)約束手形・(c)船荷証券　　　　イ．(a)小切手・(b)商品券・(c)船荷証券

　　ウ．(a)債券・(b)倉荷証券・(c)商品券　　　　　　　　　　　　　　　　　　　　　・・・・・・・・・

第1節　契約

▶▶1　契約の概要①

| 基本問題 |

問1　次の文章で正しいものには○を，間違っているものには×をつけなさい。

⑴　契約は当事者の一方が申込みの意思を表示し，相手方がそれを承諾する意思を表示して，当事者の表示した意思が合致したときに成立する。　　　　　　　　　　（　　　）

⑵　売買・貸借などの法律上の効果を発生させようとして，他人にその意思を伝える行為を，法律的には伝達行為という。　　　　　　　　　　（　　　）

⑶　契約が成立すると，当事者には，契約内容を実行することを要求する権利（債権）と，契約内容を実行する義務（債務）とが発生する。　　　　　　　　　　（　　　）

⑷　意思表示は相手方に伝わってこそ意味のあるものであるから，原則として，意思表示は相手方に到達したときに効力を生じる。　　　　　　　　　　（　　　）

⑸　発信後，意思表示が到達する前に表意者が死亡すると，その意思表示は効力を失う。
　　　　　　　　　　（　　　）

⑹　当事者の意思表示が合致するだけで成立する契約を諾成契約といい，ほとんどの契約が諾成契約である。　　　　　　　　　　（　　　）

⑺　贈与は当事者の一方のみが債務を負うので双務契約であり，売買契約は片務契約である。
　　　　　　　　　　（　　　）

⑻　贈与のように，一方だけが対価を支払わずに利益を得る契約を有償契約という。（　　　）

⑼　「A社に就職できたら腕時計を買ってやろう」というように，契約の効力の発生が将来の不確定な事実にかかっている場合に，「A社に就職」という不確定な事実を期限という。
　　　　　　　　　　（　　　）

⑽　「試験に合格したら車をあげる」というような条件は，停止条件である。　　（　　　）

⑾　法律行為の効力の発生または消滅が，将来必ず到来する事実にかかっている場合，その事実を条件という。　　　　　　　　　　（　　　）

⑿　何日間とか何週間というように，ある時点からほかの時点までの継続した時間を期間という。　　　　　　　　　　（　　　）

⒀　日・週・月・年で期間を定めた場合は，別の規定や約束がない限り，その定めをした当日から起算する。　　　　　　　　　　（　　　）

⒁　週・月・年の期間の計算は，日に換算しないで暦にしたがって計算し，期間が終わった

週・月・年の起算日に当たる日（応当日）の翌日を満了点とする。　　　　（　　　）

⒂　時・分・秒で期間を定めたときは，即時に計算を始める。　　　　　　（　　　）

発展問題

問　次の文章を読み，問いに答えなさい。　　　　　　　　（商業経済検定第 31 回一部修正）

大学 4 年生の A は，O 社の採用試験に臨んだ。親からは「もし O 社に就職できたら，A が気に入っている腕時計を買ってあげるが，(a)もし，O 社に就職ができなかったら，もう仕送りはやめるよ」という条件を出された。

残念ながら A は O 社には採用されなかったが，P 社には採用内定の通知が届き，親からも仕送りを続ける旨の連絡と高価な腕時計を贈り物として受け取った。

後で聞いた話だが，親の給料日が月末だった為，腕時計を買うのに，親戚の叔父から借金までしてくれたのだという。親は A の叔父に，(b)「借りた現金は今月末に返済する」という期限を提示したのだが，A の叔父は，「今月末ではなく 10 日後に返済してくれないか」と主張したらしい。

民法に規定される計算方法には(c)日・週・月・年で期間を定めた場合は，別の規定や約束がない限り，その定めをした当日は端数として算入せず，翌日から起算するとなっている。親が叔父から借りたときは(d)8 月 14 日の午前 10 時であり，それから 10 日後が期間満了となって返済する日時となる。親は民法に記された日までに現金を返済した。親は銀行の定期預金を解約したのかもしれない。A は親から受け取った腕時計を大切に使い続け，いつか恩返しをする決心をした。

⑴　下線部(a)を何というか，次のなかから正しいものを一つ選びなさい。

　ア．不能条件　　イ．解除条件　　ウ．停止条件

　　　　　　　　　　　　　　　　　　　　　　　　　　　　..................

⑵　下線部(b)のような期限を何というか，次のなかから適切なものを一つ選びなさい。

　ア．今月末というのは，到来する時期が確定しているので確定期限である。

　イ．今月末というのは，月末まで有効ということなので有効期限である。

　ウ．今月末というのは，到来する時期が確定してないので不確定期限である。

　　　　　　　　　　　　　　　　　　　　　　　　　　　　..................

⑶　下線部(c)のような原則を何というか，漢字 5 文字を補って正しい用語を完成させなさい。

　　　　　　　　　　　　　　　　　　　　　　の原則
　　　　　　　　　　　　　　　　　..................

⑷　下線部(d)の期間満了はいつになるか，次のなかから正しいものを一つ選びなさい。

　ア．8 月 23 日の 24 時に満了する。

　イ．8 月 23 日の 10 時に満了する。

　ウ．8 月 24 日の 24 時に満了する。

　　　　　　　　　　　　　　　　　　　　　　　　　　　　..................

契約

▶▶1　契約の概要②

基本問題

問　次の文章で正しいものには○を，間違っているものには×をつけなさい。

(1)　当事者の一方が自己の財産を無償で相手方に与える意思を表示し，相手方がこれを受諾することによって成立する契約を贈与という。　　　　　　　　　　　（　　　）

(2)　贈与契約は要物・双務・有償契約の典型である。　　　　　　　　　　　（　　　）

(3)　売買契約は諾成・片務・有償契約の代表例である。　　　　　　　　　　（　　　）

(4)　当事者が互いに金銭以外の財産権を相手方に移転することを約束する契約を交換という。
　　　　　　　　　　　　　　　　　　　　　　　　　　　　　　　　　　（　　　）

(5)　当事者の一方（借主）が相手方（貸主）より一定の金銭その他の代替物を受け取り，同種・同等・同量の物の返還を約束する契約を消費貸借という。　　　　（　　　）

(6)　消費貸借は，金銭その他の代替物を受け取ることによってはじめて成立する要物契約であるが，書面でする消費貸借は，目的物の引渡しを必要としない諾成契約である。　（　　　）

(7)　消費貸借は，利息を支払う特約がなければ無償契約である。　　　　　　（　　　）

(8)　当事者の一方（貸主）が相手方に目的物を使用・収益させることを約束し，相手方が賃料を支払うことおよび契約終了時に目的物を返還することを約束する契約を使用賃借という。
　　　　　　　　　　　　　　　　　　　　　　　　　　　　　　　　　　（　　　）

(9)　使用貸借では，消費貸借と同様に，貸借の目的物の所有権は借主に移転する。　（　　　）

(10)　ビジネスでは，事務所設備・社用車などをリースしたり，商業ビルなどのテナントとなったりするさいに，賃貸借契約がおこなわれる。　　　　　　　　　　　（　　　）

(11)　契約の当事者の一方である労働者が，もう一方の当事者である使用者の指示にしたがって，労働に服することを約束し，使用者がそれに対して報酬を支払うことを約束する契約を雇用という。　　　　　　　　　　　　　　　　　　　　　　　　　　（　　　）

(12)　当事者の一方がある仕事を完成することを約束し，相手方がその仕事の結果に対して報酬

を支払うことを約束する契約を請負という。 （　　　）

⒀　物の製作・加工や建物の設計・施工は請負になるが，物品・旅客の運送，音楽の演奏や講演をおこなう契約は請負にはならない。 （　　　）

⒁　弁護士・司法書士などに対する案件処理の委託や，不動産業者に対する土地売却依頼などは委任にあたる。 （　　　）

発展問題

問1　次の文章を読んで，問いに答えなさい。 （商業経済検定第29回一部修正）

　Aは古美術に興味があるため，江戸期の絵画の作品展があるときには美術館をよく訪れている。昨年，(a)喜寿をむかえたAは，そのお祝いとして旧友から，歌川広重作，東海道五十三次の小田原宿の錦絵をもらった。Aはこれを大切にもっているつもりであった。

　ある日，Aのもとに美術館職員が訪れ，「歌川広重の作品展を実施するので，小田原宿の錦絵を貸してください」と言われた。Aは以前この職員に錦絵を見せたことを思い出した。職員が熱心に頼むので，(b)小田原宿の錦絵を美術館に無償で貸し，作品展が終わったら返却することを約束する契約を結んだ。その後，作品展で，この錦絵は展示された後，Aの手元に返却された。

⑴　下線部(a)は民法上，贈与契約と考えられるが，契約の性質から分類した場合，どのような組み合わせになるか，次のなかから正しいものを一つ選びなさい。

　ア．片務契約・無償契約・要物契約　　イ．双務契約・有償契約・諾成契約

　ウ．片務契約・無償契約・諾成契約 ....

⑵　下線部(b)のような貸借の契約を何というか，次のなかから正しいものを一つ選びなさい。

　ア．使用貸借　　イ．賃貸借　　ウ．消費貸借 ....

問2　次の文章を読み，下線部のような貸借契約を何というか，次のなかから正しいものを一つ選びなさい。 （商業経済検定第35回一部修正）

　私たちの社会生活では，金銭は必要不可欠である。金銭が不足する場合には，必要に応じて借りることもある。金銭のほか，米やしょうゆなどの貸借は，その金銭や物を借りて使った者が，同種・同等・同量の物の返還を約束する契約であり，借りた物そのものを返す必要はない。

　ア．賃貸借　　イ．使用貸借　　ウ．消費貸借 ....

問3　アパートの一部屋を借り，毎月末に翌月の家賃として60,000円を口座引き落としで支払うという契約は，次のどの契約に相当するか，最も適切なものを一つ選び，記号を記入しなさい。 （商業経済検定第33回一部修正）

　ア．使用貸借　　イ．消費貸借　　ウ．賃貸借 ....

第1節　契約

▶▶1　契約の概要③

- - -【学習の要点】- -
- **付合契約**とは，多数の利用者との間で迅速に契約を締結するために，あらかじめ事業者が一方的に一定の契約内容を定め，利用者はその内容に従わざるをえない契約である。

基本問題

問1　次の文章で正しいものには○を，間違っているものには×をつけなさい。

(1)　契約自由の原則は，近代社会における法の基本原則の一つである。　　　　（　　　）

(2)　契約自由の原則は，無制限に認められている。　　　　　　　　　　　　（　　　）

(3)　契約が強行法規に違反する場合や，公の秩序または善良な風俗に反する場合は，その契約は無効とされる。　　　　　　　　　　　　　　　　　　　　　　　　　　　　（　　　）

(4)　不動産の売買など重要な契約では，後日の紛争を予防するために契約書を作成しておくことが多い。　　　　　　　　　　　　　　　　　　　　　　　　　　　　　　　　（　　　）

(5)　保証契約については，契約書がなくても，当事者の合意だけで効力が生じる。　（　　　）

(6)　契約自由の原則によって自由競争が促進されることで，弱者が不利になることは一切ない。　　　　　　　　　　　　　　　　　　　　　　　　　　　　　　　　　　（　　　）

(7)　水道・電気・ガスの供給事業や，鉄道やバスでの運送事業，保険・預金などの金融事業では，多数の利用者との間で同じ内容の契約を迅速に結ぶ必要がある。　　　　（　　　）

(8)　付合契約について，行政官庁が付合契約の契約内容を審査・監督することは絶対にない。　　　　　　　　　　　　　　　　　　　　　　　　　　　　　　　　　　　（　　　）

(9)　相手方（顧客）に対して過大な違約金を求める条項や，定型約款準備者の故意または過失による損害賠償責任を免責する条項などは，不当条項となる。　　　　　　　（　　　）

問2　次の文章の空欄にあてはまる語句を記入しなさい。

事業者があらかじめ決めておいた一定の契約内容のことを｜　　｜　**約**　｜　**款**　｜という。

問1　次の文章を読み，問いに答えなさい。　（商業経済検定第28回一部修正）

　(a)私たちは，契約の内容や条件・方式などを自分の意思で自由に取り決めることができるのが原則であり，近代社会における法の基本原則の一つとなっている。ただし，この原則に対する一般的な制限として，契約が強行法規に違反する場合や，(b)公の秩序または善良な風俗に反する場合には，契約は無効とされる。

　しかし，今日では，さきに述べた例外的な場合だけでなく，(c)契約自由の原則は，物の売買や貸借などの契約の場で，さまざまな制限を受けるようになっている。それは，この原則が，たしかに個人の自由な創意をうながし，社会発展の原動力になったが，その一方で，社会に経済上の強者と弱者を生み，ときには契約が強者による弱者支配の手段ともなったことによるものである。

(1)　下線部(a)のような原則を何というか，次のなかから適切なものを一つ選びなさい。

　　ア．特別法優先の原則　　イ．契約自由の原則　　ウ．初日不算入の原則
　　　　　　　　　　　　　　　　　　　　　　　　　　　　　　　　……………………

(2)　下線部(b)の具体例として，次のなかから適切なものを一つ選びなさい。

　　ア．相手の意思表示が真意でないことを知っていた場合，その履行を請求することはできない。

　　イ．代理権の範囲外で売買契約を結んだ場合，委任者に代金を請求することはできない。

　　ウ．賭博で得たかけ金を相手が支払わない場合，裁判所に訴えて請求することはできない。
　　　　　　　　　　　　　　　　　　　　　　　　　　　　　　　　……………………

(3)　下線部(c)において，契約自由の原則を規制している法律の例として，次のなかから適切なものを一つ選びなさい。

　　ア．民事訴訟法や刑事訴訟法

　　イ．消費者保護法や借地借家法

　　ウ．所得税法や法人税法
　　　　　　　　　　　　　　　　　　　　　　　　　　　　　　　　……………………

問2　次の文章を読んで，下線部のような契約を何というか，最も適切なものを一つ選んで記入しなさい。　（商業経済検定第26回一部修正）

　社会人になったAは，アパートを借りるさいに，なぜ，電気とガスは不動産店の指定する業者と契約を結ばなければならないのかと調べた。そして，電気やガスなどは，地域住民にとって画一的に迅速な処理が要求され，国が監督を行い，当事者があらかじめ決めておいた定型的な契約内容に従って契約が結ばれることを知った。

　　ア．委託契約　　イ．寄託契約　　ウ．付合契約
　　　　　　　　　　　　　　　　　　　　　　　　　　　　　　……………………

第1節　契約

▶▶1　契約の概要④

--- 【学習の要点】 ------------------------------------

心裡留保	表示した意思が真意でないことを表意者自身が知りながらおこなった意思表示
虚偽表示	相手方と話し合ったうえでおこなった，真意とは異なる偽りの意思表示

基本問題

問　次の文章で正しいものには○を，間違っているものには×をつけなさい。

(1)　売買や貸借などの法律上の効果を発生させようとして，他人にその意思を伝える行為を意思表示という。　　　　　　　　　　　　　　　　　　　　　　　　　　（　　　）

(2)　表示行為から推測される意思と効果意思の間にくい違いはないが，効果意思をもつにいたる動機の段階に欠陥がある場合を意思の不存在という。　　　　　　　　　（　　　）

(3)　表示した意思が真意でないことを表意者自身が知りながらおこなった意思表示を心裡留保という。　　　　　　　　　　　　　　　　　　　　　　　　　　　　　（　　　）

(4)　心裡留保の場合，表示を信じた相手方を保護する必要があるので，原則として意思表示は有効とされる。　　　　　　　　　　　　　　　　　　　　　　　　　　　（　　　）

(5)　心裡留保の場合，相手方が表意者の真意でないことを知っていたときや，普通の注意をすればわかるときは，相手方を保護する必要がないので，その意思表示は無効とされる。ただし，相手方が承諾した場合は契約が成立する。　　　　　　　　　　　　　（　　　）

(6)　法律では，あることを知らないことを悪意といい，知っていることを善意という。
　　　　　　　　　　　　　　　　　　　　　　　　　　　　　　　　　　　　（　　　）

(7)　相手方と話し合ったうえで，真意とは異なる偽りの意思表示をすることを虚偽表示または通謀虚偽表示という。　　　　　　　　　　　　　　　　　　　　　　　　（　　　）

(8)　法の規定にあてはまらない事案についても，規定の趣旨に照らしてその規定を適用することを拡張適用という。　　　　　　　　　　　　　　　　　　　　　　　　　（　　　）

応用問題

問　次の文章を読み，問いに答えなさい。

　多額の借金をかかえて困窮していた A は，返済できないのであれば自宅を差し押さえると債

権者から通告された。困ったＡは，友人Ｂと相談し，真意では売却する意思はないが，差し押さえを免れるため，仮装売買をおこなうことにした。このときＡの自宅をＢに売却し登記もＢに移すので，債権者はＡの自宅を差し押さえることができない。

　このように，相手方と話し合ったうえで，真意とは異なる偽りの意思表示をすることを　①　という。このときＢは，Ａが真意とはくい違う意思表示をおこなっていることを十分承知している。したがって，Ｂを保護する必要はないので，Ａの意思表示は無効とされる。

　ただし，無効な意思表示であることを知らないで利害関係をもった第三者Ｃを保護する必要がある。たとえば，Ｂが善意の第三者Ｃにその家を売却してしまったという場合，Ａは善意の第三者Ｃに対しては，　②　。真の所有者であるＡが，Ｂが所有者であるような外観を作り出したので，それを信頼したＣを保護するべきであり，こうした考え方を　③　という。

(1)　文中の　①　にあてはまる語句を一つ選びなさい。

　　ア．心裡留保　　イ．虚偽表示　　ウ．使用貸借　　　　　　　　　　…………………

(2)　文中の　②　にあてはまる文章として最も適切なものを一つ選びなさい。

　　ア．もともとＢとの売買取引は仮装売買だったので，取引は無効と主張できる

　　イ．取引の無効を主張することができない

　　ウ．取引そのものが仮装売買なので，無条件に自宅を取り戻せる。　　…………………

(3)　文中の　③　にあてはまる語句を，漢字６文字で記入しなさい。

　　　　　　　　　　　　　　　　　　　　　　　　　　　　　　…………………………………

発展問題

問　次の文章を読み，問いに答えなさい。 （商業経済検定第24回一部修正）

　高校生のＡ君はクイズ大会に出場するために，配布された書類を読んでいた。それに気づいた父は，Ａ君が本当にクイズ大会に参加するつもりがあるのか知るために，本当はその気はなかったが「８月１日から１週間，英語の学習もかねて，イギリスに行く気はないかい。ロンドン行きの航空券をあげるよ」と言ってみた。Ａ君は父がいつもいう気の利いた冗談だとわかったので，「行きたいけど，クイズ大会に参加するよ」と答えた。

(1)　下線部について，父の意思表示を何というか，次のなかから適切なものを一つ選びなさい。

　　ア．錯誤　　イ．虚偽表示　　ウ．心裡留保　　　　　　　　　　　　…………………

(2)　下線部について，Ａ君が善意無過失で父親の言葉を信じたときにはどうなるか，最も適切なものを一つ選びなさい。

　　ア．もともと父親の発言は冗談なので無効である。

　　イ．父親の意思表示を信じたＡ君を保護する必要があるので，父親の発言は有効である。

　　ウ．父親とＡ君は親子なので，そもそも法律問題は関係がない。　　…………………

第1節 契約

▶▶1 契約の概要⑤

基本問題

問1 次の文章で正しいものには○を，間違っているものには×をつけなさい。

⑴ 思い違いから真意と違う意思表示をしてしまい，表意者がそれに気づかなかった場合を錯誤という。 （　　）

⑵ 錯誤については心裡留保や虚偽表示と同様に表示は真意と異なっているので，表意者を保護する必要はない。 （　　）

⑶ 錯誤が法律行為の目的および取引上の社会通念に照らして重要なものでなくても，表意者を保護するために，その意思表示を取り消すことができる。 （　　）

⑷ 錯誤について，表意者に重大な過失（重過失）があるときは，もはや表意者を保護する必要はないので，表意者は取り消すことができない。 （　　）

⑸ 動機の錯誤の場合は，その事情が表示されているときに限り取り消すことができる。 （　　）

⑹ 詐欺によってなされた意思表示は取り消すことができるが，善意かつ無過失の第三者に対しては対抗することができない。 （　　）

⑺ 強迫による取消しは，取消し前に出現した第三者が善意・無過失であっても対抗できる点で，詐欺による取消しとは異なる。 （　　）

問2 次の文章の空欄にあてはまる語句を，漢字3文字で記入しなさい。

普通人に期待される注意を著しく欠いていることを（　　　　）という。 ....

発展問題

問1 次の文章を読み，問いに答えなさい。 （商業経済検定第28回一部修正）

東京都内に住む会社員のAは，実家のある長野市の郊外に300坪ほどの農地を所有している。ある日，Aの自宅に，長野市内の不動産業者のBが訪れ，Aをだまして土地の売却を勧めた。(a)AはBの言葉を信じ，自己所有の土地を路線価より大幅に下回る価格で売却することにして，Bと売買契約を結んだ。しかし最近になって，AはBにだまされたことを知り，Bに抗議したが，すでに，その土地は事情を知らず，過失もないCに売却され，C名義で登記簿への登記がされていた。そこでAは，(b)自分の土地の返還を請求できるかどうか，弁護士に相談することにした。

(1) 本文の主旨から，下線部(a)のような意思表示を何というか，次のなかから適切なものを一つ選びなさい。

　　ア．錯誤による意思表示　　イ．詐欺による意思表示　　ウ．強迫による意思表示

(2) 本文の主旨から，下線部(b)の結論として，次のなかから適切なものを一つ選びなさい。

　　ア．Bに対する意思表示は，表意者Aの保護を優先すべきであると考え，善意・無過失の第三者Cに対しても契約の取り消しを主張でき，土地の返還を請求することができる。

　　イ．Bに対する意思表示は，表意者Aの保護を優先すべきであるが，善意・無過失の第三者Cに対しては契約の取り消しを主張できず，土地の返還を請求することができない。

　　ウ．Bに対する意思表示と，表意者Aの真意が一致していないことに，表意者自身が気づかなかったので，契約を取り消して土地の返還を請求することができる。

問2　次の文章を読み，問いに答えなさい。　　（商業経済検定第23回一部修正）

　75歳のAは息子夫婦と同居している。ある日Aは，息子夫婦が外出したので１人で留守番をすることになった。そのとき，セールスマンBの訪問を受け，高級置時計の購入を勧められたが断った。すると，Bは大声で，「この時計を購入しないと，ただではすまない。時計は後日送付するので，この契約書を書け」と脅した。そして，(a)怖くなったAは，売買契約書に署名・捺印をした。

　その後，帰宅した娘夫婦に，Aは留守中の出来事を話した。息子夫婦は，時計の売買契約がAの意思とは異なるので，(b)契約の取り消しの主張をしたいと思い法律に詳しいCに相談した。

(1) 下線部(a)のような意思表示を何というか，次のなかから最も適切なものを一つ選びなさい。

　　ア．真意でない意思表示　　イ．意思の不存在　　ウ．瑕疵ある意思表示

(2) 本文の主旨から，下線部(b)の結論として，次のなかから適切なものを一つ選びなさい。

　　ア．売買契約書に署名・捺印をしたので，この契約の取り消しを主張することができない。

　　イ．強迫による意思表示なので，この契約の取り消しを主張することができる。

　　ウ．AはBから強迫されて売買契約書に署名・捺印をしたので，時計が届く前に限り，この契約の取り消しを主張することができない。

第1節　契約

▶▶1　契約の概要⑥

----【学習の要点】--

• 代理の種類

任意代理	本人が自分で代理人を選んで一定の範囲の代理権を与える。
法定代理	法律の規定によって代理人とその権限の範囲が定められている。

基本問題

問1　次の文章で正しいものには○を，間違っているものには×をつけなさい。

⑴　代理人が本人のためにすることを示さずにした意思表示は，必ず無効となる。　　（　　　）

⑵　本人Ａが代理権をＢに与え，ＢがＡの代理人であることを示して，相手方Ｃと契約を締結した場合，契約から生じる権利・義務はＢとＣの間に生じる。　　（　　　）

⑶　任意代理人に代理権を与えるときは，委任という他人に法律関係の処理を任せる契約を結ぶのが普通である。　　（　　　）

⑷　委任状には，本人が，誰に，どの範囲の代理権を与えたかを記載するが，それらの記載を代理人に任せた白紙委任状が渡されることもある。　　（　　　）

⑸　代理人は代理権の範囲で法律行為をおこなう。　　（　　　）

⑹　物や権利の性質を変えない範囲で家屋賃貸をするなどの収益を図る改良行為は，代理権の範囲となる。　　（　　　）

⑺　家屋に造作を加えるなどの財産の価値を増加させる保存行為は，代理権の範囲となる。

（　　　）

⑻　ＢがＡから土地の売却について代理権を授与され，その土地の買主になるような場合を自己契約という。　　（　　　）

⑼　当事者の一方にとっては利益になるが，他方にとっては不利益になる行為を利益相反行為という。　　（　　　）

問2　次の文章の空欄にあてはまる語句を解答群から一つずつ選び，記号を記入しなさい。

⑴　本人Ａが，Ａにかわって契約を結ぶ権利をＢに与えた場合，ＢはＡの代理人であることを相手方に示す必要がある。これを（　①　）という。

(2) 本人が自分で代理人を選んで一定の範囲の代理権を与える場合を（　②　）という。

(3) 委任という他人に法律関係の処理を任せる契約を結ぶ場合，本人から代理人に代理権を与えたことを証明する（　③　）が渡されることが多い。

(4) 代理には，任意代理のほかに，すでに学んだ未成年者や成年被後見人などのように，法律の規定によって代理人とその権限の範囲が定められている（　④　）もある。

(5) 任意代理の場合は，代理権を与える契約によって代理権の範囲が決まる。しかし，与えられた代理権の範囲であっても，自己契約，双方契約，そのほか代理人と本人との（　⑤　）は，原則として禁止され，無権代理となる。

【解答群】

ア．利益相反行為　　イ．顕名主義　　ウ．法定代理　　エ．任意代理　　オ．委任状

①＿＿＿＿　②＿＿＿＿　③＿＿＿＿　④＿＿＿＿　⑤＿＿＿＿

発展問題

問　次の文章を読み，問いに答えなさい。 （商業経済検定第2回一部修正）

　代理制度がおかれている大きな理由は，多様化が進む社会のなかで，広範囲に経済活動がしやすいようにするためである。代理とは，本人Ａが(a)代理権をＢに授与し，その代理権にもとづいて代理人Ｂが相手方Ｃと法律行為をすると，それに生じる権利・義務が，直接本人Ａと▢▢▢との間に生ずる制度である。

　同じように代理とよばれても，そのなかには二つの異なった代理がある。一つは(b)未成年者や成年被後見人などのように，法律の規定によって代理人とその権限の範囲が定められている代理と(c)自然人あるいは法人の経済活動の範囲を広げるために，本人が自分で代理人を選んで一定の範囲の代理権を与える代理である。

(1) 下線部(a)を証明するために本人ＡがＢに渡す文書を何というか，次のなかから正しいものを一つ選びなさい。

　ア．認証状　　イ．委任状　　ウ．信用状　　　　　　　　　　　＿＿＿＿＿＿

(2) 文中の▢▢▢にあてはまる最も適切な語句を，次のなかから一つ選びなさい。

　ア．代理人Ｂ　　イ．相手方Ｃ　　ウ．第三者Ｄ　　　　　　　　＿＿＿＿＿＿

(3) 下線部(b)に関し，その代理を何とよぶか，適切な語を漢字4文字で答えなさい。

　　　　　　　　　　　　　　　　　　　　　　　　　　　　　　＿＿＿＿＿＿

(4) 下線部(c)に関し，その代理を何とよぶか，適切な語を漢字4文字で答えなさい。

　　　　　　　　　　　　　　　　　　　　　　　　　　　　　　＿＿＿＿＿＿

契約

▶▶1 契約の概要⑦

┃ 基本問題

問1　次の文章で正しいものには○を，間違っているものには×をつけなさい。

(1)　無権代理は，本人Aが追認しない限り，本人Aに対しては効力を生じない。　（　　　）

(2)　無権代理行為の相手方は，相当の期間を定めて，その期間内に追認するか否かを本人に催告することができ，期間内に本人が確答しなかったときは追認拒絶とみなされる。（　　　）

(3)　無権代理行為の相手方は，本人が追認するまでの間も，契約を取り消すことができない。

（　　　）

(4)　表見代理において，売主Aが買主Cに対して，Bに代金受取りの代理権を与えたと表示し，実際にはまだBに代理権を与えていないうちに，Bが勝手にCを訪問して代金を受け取り，着服してしまったという場合も，AはCから売買代金を受領したことになる。

（　　　）

(5)　本人AがBに30万円を借りてくる代理権を与えたが，Bは50万円を相手方Cから借りたというように，代理人が代理権の範囲外の代理行為をおこない，その相手方が，代理権があると信じたことに正当な理由がある場合には，AはCから50万円借り入れたことになる。

（　　　）

問2　次の文章の空欄にあてはまる語句を解答群から一つずつ選び，記号を記入しなさい。

(1)　無権代理行為の相手方は，相当の期間を定めて，その期間内に追認するか否かを本人に催告することができ，期間内に本人が確答しなかったときは，（　①　）とみなされる。

(2)　無権代理行為の相手方は，本人が（　②　）するまでの間は，契約を取り消すことができる。

(3)　新聞販売店Aの代理店として集金業務を担当していたBが，退職して（　③　）が消滅したにもかかわらず，Aの代理人として客Cから集金した場合，Cが（　③　）の消滅の事実を知らず，知らなかったことに（　④　）がないときは，AはCから新聞代を受領したことになる。これを代理権消滅後の（　⑤　）という。

【解答群】
　　ア．表見代理　　イ．代理権　　ウ．追認拒絶　　エ．追認　　オ．過失

　　　　　　　　①　　　　　　②　　　　　　③　　　　　　④　　　　　　⑤

問1　次の文章を読み，問いに答えなさい。　　　　　　　　　　（商業経済検定第21回一部修正）

　Aは親友であるBに対して，Cが所有する米国製のキャンピングカーを自分に代わって購入してもらうことにした。後日，BはC宅でAの代理人として，Cと売買契約の交渉にのぞんだ。

　その際，BはCから「私が所有する最新式のマウンテンバイクも買ってほしい」と言われた。マウンテンバイクをキャンピングカーに備え付けておくと，旅先で楽しみが増えるとのことだった。納得したBは，キャンピングカーとともに，(a)Aから与えられた代理権の範囲を超えていることは充分に承知していたが，Aは喜んで認めてくれるだろうと思い，Cとマウンテンバイクの売買契約を締結した。

　そのことを聞いたAは，Bの行為は行き過ぎだと感じた。しかし，親友であるBとの関係からAは(b)取り消しのできる行為を取り消さず，そのまま有効と認めることにした。

　(1)　下線部(a)のようなことを何というか，次のなかから正しいものを一つ選びなさい。

　　　ア．法定代理　　　イ．表見代理　　　ウ．双方代理
　　　　　　　　　　　　　　　　　　　　　　　　　　　　　　　　　.....................

　(2)　下線部(b)を何というか，漢字2文字で答えなさい。

　　　　　　　　　　　　　　　　　　　　　　　　　　　　　　　　　.....................

問2　次の文章を読み，下線部の結論として最も適切なものを一つ選びなさい。

　　　　　　　　　　　　　　　　　　　　　　　　　　　（商業経済検定第37回一部修正）

　X新聞販売店の店主は，店主の代理人として新聞代金を集金していた従業員Aを先月末に解雇した。Aは店主を逆恨みし，X新聞販売店に損害を与えようと企て，先月まで集金していた新聞購読者のBを訪ねた。Bは，AがX新聞販売店を解雇されていた事実を知らずに，従業員であると信じて新聞代金をAに支払った。AはX新聞販売店の領収証をBに渡した。

　X新聞販売店の店主は，Bの新聞代金の支払いが確認できなかったため，電話をして確認した。するとBは，「従業員のAさんに新聞代金を支払いました。領収証ももらいました」と店主に言った。店主は「Aは先月末に解雇しました。すでに当店の従業員ではありませんので，もう一度新聞代金を支払っていただきたい」とBにお願いした。Bは納得がいかなかった。この場合，BはX新聞販売店に，もう一度新聞代金を支払わなければならないのかどうか，消費生活センターに相談することにした。なおBは，善意無過失である。

　　ア．Bは無条件で再び新聞代金を支払わなければならない。

　　イ．Aの行為は与えられた権限を越えた越権行為であり，BはAの権限の範囲を確認しなかったため，Bは再び新聞代金を支払わなければならない。

　　ウ．Aの行為は代理権消滅後の無権代理であり，BはAの外観を信ずべき正当な理由があるといえるため，Bは再び新聞代金を支払わなくてよい。

　　　　　　　　　　　　　　　　　　　　　　　　　　　　　　　　　.....................

企業活動における契約

▶▶1　雇用契約・消費貸借契約

- - -【学習の要点】- -

- 労働者が使用者の指示に従って労務に服することを約束し，使用者が労務に対して報酬を支払うことを約束する契約を**雇用**という。

基本問題

問1　次の文章で正しいものには○を，間違っているものには×をつけなさい。

(1)　使用者と労働者との間で結ばれる個別の労働契約について，労働組合法が制定され，労働契約における事業者と労働者との交渉力・情報力の格差是正が図られている。　　　（　　　）

(2)　借りた物を消費し，あとで同種・同等・同量の物を返す契約を消費貸借という。（　　　）

(3)　金銭消費貸借には，利息を支払わなければならない有償契約と，利息を支払わなくてもよい無償契約とがある。　　　　　　　　　　　　　　　　　　　　　　　　　（　　　）

(4)　民法上では，消費貸借契約では利息をつける有償契約が原則で，利息をつけないという特約をつけた場合にのみ，利息を支払わなくてもよい。　　　　　　　　　　　　　（　　　）

(5)　商人間で金銭の消費貸借をした場合には，利息を支払うという特約がなくても，当然に利息を支払わなければならない。　　　　　　　　　　　　　　　　　　　　　　　（　　　）

(6)　書面または電磁的記録でする消費貸借は，諾成契約である。　　　　　　　　　（　　　）

(7)　消費貸借の契約は，借主が金銭その他の物を返還する債務を負担するのみだが，借主と貸主が存在するので，双務契約である。　　　　　　　　　　　　　　　　　　　（　　　）

(8)　金銭の消費貸借において，当事者が利率を決めなかった場合は，法定利率による利息（法定利息）を支払うことになる。　　　　　　　　　　　　　　　　　　　　　　（　　　）

(9)　約定利率による場合，経済的に弱い立場にある借主が高利を押しつけられるおそれがあるため，利息制限法によって規制がなされている。　　　　　　　　　　　　　　（　　　）

問2　次の文章の空欄にあてはまる語句を解答群から一つずつ選び，記号を記入しなさい。

(1)　消費貸借は，当事者が約束しただけでは成立せず，貸主から借主に金銭その他の物が引き渡されたときに効力を生じる（　①　）である。ただし，書面または電磁的記録でする消費貸借は，当事者の合意で成立するので（　②　）である。そして，契約成立後は，借主が金

銭その他の物を返還する債務を負担するのみで，貸主は何ら債務を負担しないので（　③　）である。

(2)　金利水準の変動に備え，3年を一期とし，一期ごとに法定利率を自動的に見直す（　④　）がとられている。

(3)　約定利率によって金銭消費貸借がなされる場合，経済的に弱い立場にある借主が高利を押しつけられるおそれがあるため，（　⑤　）によって，規制がなされている。

【解答群】
ア．要物契約　　イ．利息制限法　　ウ．片務契約　　エ．変動制　　オ．諾成契約

　　　　　　　　①⋯⋯⋯⋯⋯　②⋯⋯⋯⋯⋯　③⋯⋯⋯⋯⋯　④⋯⋯⋯⋯⋯　⑤⋯⋯⋯⋯⋯

発展問題

問1　次の文章の空欄にあてはまる語句の組み合わせとして，最も適切なものを一つ選び，記号を記入しなさい。　　　　　　　　　　　　　　　　　　　　（商業経済検定第4回一部修正）

　利息について当事者間で利率を決めなかったときには，　①　で計算することになっている。また，利息の最高限度を定める法律として，　②　がある。

　　ア．①約定利率・②出資法　　　イ．①法定利率・②金融商品販売法
　　ウ．①法定利率・②利息制限法
　　　　　　　　　　　　　　　　　　　　　　　　　　　　　　　　　⋯⋯⋯⋯⋯

問2　次の文章を読み，問いに答えなさい。　　　　　　　（商業経済検定第35回一部修正）

　私たちの社会生活では，金銭は必要不可欠である。金銭が不足する場合には，必要に応じて借りることもある。(a)金銭のほか，米やしょうゆなどの貸借は，その金銭や物を借りて使った者が，同種・同等・同量の物の返還を約束する契約であり，借りた物そのものを返す必要はない。また，金銭の貸借契約では，一般的に利息の支払いを約束して契約を締結することが多い。利率については，当事者間で取り決めをしなかった場合に適用される利率と，(b)貸し主と借り主の当事者間で取り決める利率がある。しかし，利率を当事者の自由にしておくと，貸し主が借り主に対して，高い利率で契約を締結するおそれがある。そのため，(c)元本が10万円未満は年20%，10万円以上100万円未満は年18%，100万円以上は年15%と利率の最高限度を定めている法律によって規制をしている。

(1)　下線部(a)のような貸借契約を何というか，次のなかから正しいものを一つ選びなさい。
　　ア．賃貸借　　イ．使用貸借　　ウ．消費貸借
　　　　　　　　　　　　　　　　　　　　　　　　　　　　　　　　　⋯⋯⋯⋯⋯

(2)　下線部(b)を何というか，次のなかから適切なものを一つ選びなさい。
　　ア．変動利率　　イ．約定利率　　ウ．法定利率
　　　　　　　　　　　　　　　　　　　　　　　　　　　　　　　　　⋯⋯⋯⋯⋯

(3)　下線部(c)を何というか，次のなかから適切なものを一つ選びなさい。
　　ア．利息制限法　　イ．出資取締法　　ウ．金融商品販売法
　　　　　　　　　　　　　　　　　　　　　　　　　　　　　　　　　⋯⋯⋯⋯⋯

第2節　企業活動における契約

▶▶2　売買契約①

- - -【学習の要点】- -

- **売買契約**とは，売主が，所有権などの財産権を買主に移転することを約束し，買主がその代金を売主に支払うことを約束する契約のことである。

　基本問題

問1　次の(1)〜(5)について，下線部が正しいときは〇を記入し，誤っているときは解答群から正しいものを選び記号で答えなさい。

(1)　売買契約は契約書を作る必要はなく，諾成・双務・<u>有償契約</u>の典型である。

(2)　手付金は，当事者間に特約がなければ，<u>内金</u>と推定される。

(3)　買主は，交付した手付金を放棄して契約を解除することができ，これを<u>手付倍返し</u>という。

(4)　双務契約の当事者の一方は，相手方が債務を履行する準備をしないうちは，自分の債務の履行を拒むことができる。これを<u>同時履行の抗弁権</u>という。

(5)　双務契約の場合，一方の債務が当事者のどちらにも責任のない原因で消滅した場合，他方の債務はどのような影響を受けるかという問題が生じる。これを<u>債務不履行</u>の問題という。

【解答群】

　　ア．解約手付　　　イ．危険負担　　　ウ．手付流し　　　エ．無償給付　　　オ．反対給付

　　　　　　　　　　①　　　　　　②　　　　　　③　　　　　　④　　　　　　⑤

問2　次の文章で正しいものには〇を，間違っているものには×をつけなさい。

(1)　契約の履行に着手する前なら，売主は，交付した手付金を放棄して契約を解除することができ，買主は手付金の倍額を返して契約を解除することができる。　　　　　　（　　　）

(2)　危険負担について，民法は債務者主義を採用している。　　　　　　　　　　（　　　）

(3)　売買契約の買主は，売主が目的物を引き渡す準備をするまでは代金の支払いを拒むことができる。　　　　　　　　　　　　　　　　　　　　　　　　　　　　　　　　（　　　）

(4)　売買契約の売主は，買主が代金を支払ったあとも目的物の引き渡しを拒むことができる。

　　　　　　　　　　　　　　　　　　　　　　　　　　　　　　　　　　　　　（　　　）

問 次の文章を読み，問いに答えなさい。

　絵画の売買を営むＡは，顧客Ｂに対して所有している絵画を10万円で売却することを合意し，代金の支払いと絵画の引き渡しを3月末におこなうことにした。ところが3月15日にＡの倉庫付近で火災が発生し，倉庫も倉庫に保管していた絵画も焼け落ちてしまった。このとき絵画を引き渡す義務を負っていたＡが焼け落ちた絵画の代金を負担するという考え方と，絵画の引き渡しを請求できるＢが焼け落ちた絵画の代金を負担するという考え方の二つがある。民法では，　①　。このときＢは，　②　をすることなく，契約を解除することができる。

(1)　文中の　①　にあてはまる文章として，最も適切なものを次のなかから一つ選びなさい。

　ア．債務者主義を採用しているので，Ｂは代金10万円の支払いを拒むことができる。

　イ．債権者主義を採用しているので，Ｂは代金10万円をＡに支払わなければならない。

　ウ．債務者主義を採用しているので，Ｂは代金の半額である5万円を支払うことになる。

(2)　文中の　②　にあてはまる語句として，最も適切なものを次のなかから一つ選びなさい。

　ア．登記　　イ．催告　　ウ．請求

問1　次の文章を読み，下線部に関し，手付金との関係で最も適切なものを一つ選びなさい。

（商業経済検定第10回一部修正）

　甲婦人服店は，当初，丙生地店から生地を仕入れるつもりで手付金￥30,000を支払ったが，その後，丙との取引を解約することにした。

　ア．手付金￥30,000を返還してもらって解約できる。

　イ．手付金￥30,000を放棄すれば解約できる。

　ウ．手付金の倍額￥60,000を支払えば解約できる。

問2　解約手付の説明として最も適切なものを一つ選びなさい。

（商業経済検定第30回一部修正）

　ア．契約の履行に着手する前なら，買い主は手付を放棄し，売り主は手付の倍額を返還して契約解除をすることができる。

　イ．契約の履行に着手した後に，買い主は手付を放棄し，さらに損害賠償金も支払い，売り主は手付の倍額を返還して契約解除をすることができる。

　ウ．契約の履行に着手する前なら，買い主は手付を放棄し，売り主も受け取っていた手付を返還して契約解除をすることができる。

第 **2** 節　企業活動における契約

▶▶**2** 売買契約②

- - -【学習の要点】- -

- 不動産に関する権利を公示する方法として，**登記**がある。登記は不動産物権変動の**対抗要件**である。
- 動産の所有権移転を第三者に対抗するには，その動産の**引渡し**を受けなければならない。
- 動産の引渡しには，現実の引渡し・簡易の引渡し・占有改定・指図による占有移転がある。

::: 基本問題

問1　次の(1)〜(5)について，下線部が正しいときは〇を記入し，誤っているときは解答群から正しいものを選び記号で答えなさい。

(1)　不動産の所有権が自分に移転したということを対抗するためには，<u>公示</u>が必要である。

(2)　不動産に関する権利を公示する方法として，<u>登記</u>の制度がある。

(3)　登記は，<u>裁判所</u>に備えつけられている不動産登記簿に記載しておこなう。

(4)　売主から買主に実際に目的物を引き渡すことを<u>簡易の引渡し</u>という。

(5)　目的物を第三者に預けている場合に，売主が第三者に対して今後は買主のために保管するよう指示し，買主が承諾すると，目的物の引渡しがあったものと認められる。これを<u>占有改定</u>という。

【解答群】

　　ア．指図による占有移転　　　イ．現実の引渡し　　　ウ．登記所　　　エ．占有　　　オ．公信

　　　　　　　　　　　①………………②………………③………………④………………⑤………………

問2　次の文章で正しいものには〇を，間違っているものには×をつけなさい。

(1)　登記を信頼して取引をした者は，登記が真実に反していても保護される公信の原則が認められている。　　　　　　　　　　　　　　　　　　　　　　　　　　　　（　　　）

(2)　Aから土地を買ったBが代金を支払い，引渡しを受けていれば，Aが同じ土地を第三者のCに二重売買して，Cが先に登記をしてしまっても，BはCに対して所有権を対抗できる。　　　　　　　　　　　　　　　　　　　　　　　　　　　　　　　　（　　　）

(3) 買主が目的物を所持しているような場合は，買主に引き渡したという意思表示をすればよく，これを簡易の引渡しという。 （　　　）

(4) 売主が目的物をそのまま借りておくような場合には，売主が今後は買主のために占有するという意思表示をすればよく，これを占有改定という。 （　　　）

(5) 不動産登記簿には，土地登記簿と建物登記簿の2種類がある。 （　　　）

(6) 登記簿上の単位となる土地の一区画を一筆という。 （　　　）

▌発展問題

問1　次の文章を読み，問いに答えなさい。 （商業経済検定第3回一部修正）

　売買によって所有権は，売主から買主に移転する。その移転の時期は，特約がない限り，当事者間において ① したときであるが，売買の目的物の所有権の取得を第三者に対抗するためには，不動産では ② が必要であり，動産では ③ が必要である。

(1) 文中の ① にあてはまる語句として，最も適切なものを次のなかから一つ選びなさい。

　ア．売買契約が成立　　イ．目的物の移転　　ウ．売買代金の支払い

．．．．．．．．．．．．．．．．．．．

(2) 文中の ② ・ ③ にあてはまる語句として，最も適切な組み合わせを次のなかから一つ選びなさい。

　ア．②引渡し・③登記　　イ．②登記・③引渡し　　ウ．②登記・③支払い

．．．．．．．．．．．．．．．．．．．

問2　次の文章を読み，問いに答えなさい。 （商業経済検定第15回一部修正）

　Aは友人のBから，旅行に行くので10日間だけカメラを貸してくれと言われ，Bにカメラを預けておいた。ところがBは，そのカメラを無断でCに貸し，さらにBの所有物と信じていた(a)Cに対し，引き渡しの意思表示をおこなうことによりカメラを譲渡した。数日後，Bの行為を知ったAは，カメラはBに貸したものであり，真実の所有者は自分であるとしてCに対し，返還を請求した。

　また，Dは友人Eに手持ちの本を売却したが，まだ30ページほど読み終わっていなかった。そこで，(b)Dは友人Eに対して，「この本は君に売却したものだから，読み終わるまではしばらく借りておくよ」といって，その本の占有を友人Eに移転した。

(1) 下線部(a)における引渡しを何というか，次のなかから適切なものを一つ選びなさい。

　ア．占有改定　　イ．現実の引渡し　　ウ．簡易の引渡し

．．．．．．．．．．．．．．．．．．．

(2) 下線部(b)における引き渡しを何というか，次のなかから適切なものを一つ選びなさい。

　ア．占有改定　　イ．現実の引渡し　　ウ．簡易の引渡し

．．．．．．．．．．．．．．．．．．．

第2節　企業活動における契約

▶▶2　売買契約③

- - -【学習の要点】- -

- 円滑な動産の取引のために，動産の**即時取得**が認められている。

▎基本問題

問1　次の(1)〜(4)について，下線部が正しいときは○を記入し，誤っているときは解答群から正しいものを選び記号で答えなさい。

(1)　平穏かつ公然と占有を始めたＣが，Ａの動産を占有しているＢに所有権があると信じ，そのことに過失がない場合には，占有を開始したときに，ただちにその動産の所有権を取得することができる。

(2)　債権譲渡は，譲渡人と譲受人の合意だけで成立する。

(3)　債権譲渡を債務者以外の第三者に対抗するには，内容証明郵便や公正証書などの確定日付のある証書による譲受人への通知または承諾が対抗要件になる。

(4)　動産の即時取得の要件は，取引行為による取得であることや，悪意・無過失・平穏・公然に占有を開始したことである。

【解答群】

ア．善意　イ．債務者　ウ．第三者　エ．地上権

(1)	(2)	(3)	(4)
....	....	....	....

問2　次の文章で正しいものには○を，間違っているものには×をつけなさい。

(1)　不動産登記のような所有権を公示する制度がなく，しかもひんぱんに取引される動産について，いちいち正当な所有者の確認が必要だとすると，円滑な動産の取引が妨げられることになる。　　　　　　　　　　　　　　　　　　　　　　　　　　　　　（　　　）

(2)　動産が盗品や遺失物である場合には，真実の所有者は，盗難または遺失のときから３年間は占有者に対して返還請求することができる。　　　　　　　　　　　　　　（　　　）

(3)　債権は，当事者が債権譲渡を禁止し，または制限する特約をしたときは，譲渡することができない。　　　　　　　　　　　　　　　　　　　　　　　　　　　　　　（　　　）

(4)　債権譲渡について，譲渡制限特約が付されていることを知り，または重大な過失によって

【商業 741】ビジネス法規
ワークブック

別冊解答

東京法令出版

第1章　法の概要

第1節 ▶ ビジネスにおける法の役割

❶ 法の意義　（ワークブック p.4 ～ 5）

基本問題

問1　(1)×　(2)○　(3)○　(4)×　(5)○　(6)× 　(7)○　(8)○

問2　①オ　②エ　③ウ　④イ　⑤ア　⑥カ

発展問題

問1　ウ

問2　ア

問3　イ

❷ 法の役割　（ワークブック p.6 ～ 7）

基本問題

問1　(1)エ　(2)○　(3)イ　(4)○　(5)ウ

問2　①オ　②イ　③エ　④ウ　⑤ア

応用問題

問1　イ

問2　ウ

発展問題

問　ウ

第2節 ▶ 法の体系と解釈・適用

❶ 法の体系　（ワークブック p.8 ～ 9）

基本問題

問1　(1)○　(2)ア　(3)○　(4)○　(5)オ

問2　①ウ　②オ　③エ　④ア　⑤イ

問3　公（布）

応用問題

問　ウ

発展問題

問1　(1)不文法　(2)イ

問2　イ

❷ 法の分類①　（ワークブック p.10 ～ 11）

基本問題

問1　(1)ウ　(2)ア　(3)○　(4)○　(5)イ

問2　①ウ　②オ　③ア　④イ　⑤エ

発展問題

問1　(1)ア　(2)ウ

問2　(1)ウ　(2)任意（規定）

❷ 法の分類②　（ワークブック p.12 ～ 13）

基本問題

問1　(1)○　(2)オ　(3)ウ　(4)○　(5)○

問2　①イ　②ウ　③オ　④ア　⑤エ

問3　民事（責任）

応用問題

問1　①エ　②イ　③ウ

問2　物権

問　ウ

❸ 法の体系と解釈・適用

（ワークブック p.14 ～ 15）

■基本問題
問1　(1)ウ　(2)○　(3)○　(4)○　(5)オ
問2　①ウ　②エ　③ア　④イ

■応用問題
問　①ウ　②ア　③イ

■発展問題
問　(1)文理（解釈）　(2)ウ

第3節 ▶ 権利・義務と財産権

❶ 権利と義務の概要　（ワークブック p.16 ～ 17）

■基本問題
問1　(1)エ　(2)オ　(3)ア　(4)イ　(5)ウ
問2　(1)○　(2)ウ　(3)○　(4)ア　(5)エ

■応用問題
問　(1)ウ　(2)イ

■発展問題
問　(1)ウ　(2)ア　(3)家庭（裁判所）　(4)失踪（宣告）

❷ 制限行為能力者制度①

（ワークブック p.18 ～ 19）

■基本問題
問1　(1)ア　(2)ウ　(3)エ　(4)オ　(5)イ

問2　(1)○　(2)○　(3)ア　(4)○

■応用問題
問　法定代理（人）

■発展問題
問　(1)イ　(2)ア

❷ 制限行為能力者制度②

（ワークブック p.20 ～ 21）

■基本問題
問1　(1)イ　(2)エ　(3)オ　(4)ア　(5)ウ
問2　(1)○　(2)×　(3)○　(4)○　(5)×

■応用問題
問　(1)任意後見（制度）　(2)法定後見（制度）

■発展問題
問1　(1)ウ　(2)イ　(3)ア
問2　イ

❸ 物権の概要①　（ワークブック p.22 ～ 23）

■基本問題
問　(1)○　(2)×　(3)○　(4)×　(5)○　(6)○
(7)×　(8)○　(9)×

■応用問題
問　(1)(b)　(2)イ　(3)イ

■発展問題
問　(1)イ　(2)ウ　(3)イ　(4)ア

❸ 物権の概要② （ワークブック p.24 ～ 25）

問1　(1)○　(2)×　(3)○　(4)○　(5)×　(6)
○　(7)○　(8)×　(9)○　(10)○

問2　①ウ　②ア　③イ

発展問題

問1　(1)ウ　(2)ウ　(3)イ　(4)ウ

問2　(1)ア　(2)ウ

❸ 物権の概要③ （ワークブック p.26 ～ 27）

基本問題

問1　(1)×　(2)○　(3)×　(4)○　(5)○　(6)
×　(7)○　(8)×　(9)○　(10)×　(11)○　(12)×
(13)○

問2　(1)イ　(2)イ

発展問題

問1　ア

問2　ア

❹ 債権の概要① （ワークブック p.28 ～ 29）

基本問題

問1　(1)○　(2)○　(3)×　(4)×　(5)○　(6)
×　(7)○

問2　①作為　②不作為　③責任財産　④
無資力　⑤保存行為

応用問題

問　ア

発展問題

問1　(1)ウ　(2)ウ

問2　ウ

❹ 債権の概要② （ワークブック p.30 ～ 31）

基本問題

問　(1)○　(2)×　(3)○　(4)×　(5)○　(6)×
(7)○　(8)×

応用問題

問1　①エ　②ア　③イ　④ウ

問2　(1)イ　(2)詐害行為取消権　(3)イ

❹ 債権の概要③ （ワークブック p.32 ～ 33）

基本問題

問1　(1)○　(2)×　(3)×　(4)○　(5)○　(6)
×　(7)○　(8)○

問2　(1) A　(2) B　(3) B　(4) A　(5) B

応用問題

問1　①ウ　②エ　③ア　④オ　⑤イ

問2　(1)ア　(2)イ　(3)イ

発展問題

問　ウ

第2章　企業活動と法規

第1節 ▶契約

❶ 契約の概要① （ワークブック p.34 ～ 35）

基本問題

問　(1)○　(2)×　(3)○　(4)○　(5)×　(6)○

(7)× (8)× (9)× (10)○ (11)× (12)○ (13)
× (14)× (15)○

問 (1)イ (2)ア (3)初日不算入（の原則）
(4)ウ

❶ 契約の概要② （ワークブック p.36 〜 37）

■ 基本問題
問 (1)○ (2)× (3)× (4)○ (5)○ (6)○
(7)○ (8)× (9)× (10)○ (11)○ (12)○ (13)
× (14)○

■ 発展問題
問1 (1)ウ (2)ア
問2 ウ
問3 ウ

❶ 契約の概要③ （ワークブック p.38 〜 39）

■ 基本問題
問1 (1)○ (2)× (3)○ (4)○ (5)× (6)
× (7)○ (8)× (9)○
問2 定型（約款）

■ 発展問題
問1 (1)イ (2)ウ (3)イ
問2 ウ

❶ 契約の概要④ （ワークブック p.40 〜 41）

■ 基本問題
問 (1)○ (2)× (3)○ (4)○ (5)× (6)×
(7)○ (8)×

■ 応用問題
問 (1)イ (2)イ (3)権利外観法理

■ 発展問題
問 (1)ウ (2)イ

❶ 契約の概要⑤ （ワークブック p.42 〜 43）

■ 基本問題
問1 (1)○ (2)× (3)× (4)○ (5)○ (6)
○ (7)○
問2 重過失

■ 発展問題
問1 (1)イ (2)イ
問2 (1)ウ (2)イ

❶ 契約の概要⑥ （ワークブック p.44 〜 45）

■ 基本問題
問1 (1)× (2)× (3)○ (4)○ (5)○ (6)
× (7)× (8)○ (9)○
問2 ①イ ②エ ③オ ④ウ ⑤ア

■ 発展問題
問 (1)イ (2)イ (3)法定代理 (4)任意代理

❶ 契約の概要⑦ （ワークブック p.46 〜 47）

■ 基本問題
問1 (1)○ (2)○ (3)× (4)○ (5)○
問2 ①ウ ②エ ③イ ④オ ⑤ア

■ 発展問題
問1 (1)イ (2)追認
問2 ウ

第2節 ▶企業活動における契約

❶ 雇用契約・消費貸借契約
（ワークブック p.48 ～ 49）

基本問題

問1 (1)× (2)○ (3)○ (4)× (5)○ (6)○ (7)× (8)○ (9)○

問2 ①ア ②オ ③ウ ④エ ⑤イ

発展問題

問1 ウ

問2 (1)ウ (2)イ (3)ア

❷ 売買契約①
（ワークブック p.50 ～ 51）

基本問題

問1 ①○ ②ア ③ウ ④○ ⑤イ

問2 (1)× (2)○ (3)○ (4)×

応用問題

問 (1)ア (2)イ

発展問題

問1 イ

問2 ア

❷ 売買契約②
（ワークブック p.52 ～ 53）

基本問題

問1 ①○ ②○ ③ウ ④イ ⑤ア

問2 (1)× (2)× (3)○ (4)○ (5)○ (6)○

発展問題

問1 (1)ア (2)イ

問2 (1)ウ (2)ア

❷ 売買契約③
（ワークブック p.54 ～ 55）

基本問題

問1 (1)○ (2)○ (3)イ (4)ア

問2 (1)○ (2)× (3)× (4)○

発展問題

問1 イ

問2 イ

問3 (1)ウ (2)イ

❷ 売買契約④
（ワークブック p.56 ～ 57）

基本問題

問1 (1)○ (2)○ (3)エ (4)ア (5)○

問2 (1)× (2)○ (3)×

発展問題

問1 (1)ウ (2)ウ (3)ウ

問2 ア

❸ 賃貸借契約①
（ワークブック p.58 ～ 59）

基本問題

問1 (1)○ (2)エ (3)○ (4)オ (5)○

問2 (1)○ (2)× (3)○ (4)×

応用問題

問 (1)イ (2)イ

発展問題

問 (1)ウ (2)イ

❸ 賃貸借契約② (ワークブック p.60 〜 61)

基本問題

問1　(1)オ　(2)○　(3)ウ　(4)○　(5)イ

問2　(1)○　(2)×　(3)○

応用問題

問　(1)ウ　(2)イ

発展問題

問　(1)イ　(2)ウ

❸ 賃貸借契約③ (ワークブック p.62 〜 63)

基本問題

問1　(1)エ　(2)○　(3)イ　(4)オ　(5)○

問2　(1)○　(2)×　(3)○

応用問題

問　(1)ア　(2)公正証書

発展問題

問　ア

❸ 賃貸借契約④ (ワークブック p.64 〜 65)

基本問題

問1　(1)○　(2)○　(3)イ　(4)エ　(5)オ

問2　(1)×　(2)○　(3)○　(4)○

応用問題

問　(1)ウ　(2)借家権

発展問題

問　(1)イ　(2)ア　(3)造作買取請求権

❹ 債権の管理と回収①

(ワークブック p.66 〜 67)

基本問題

問1　(1)オ　(2)○　(3)○　(4)○　(5)ウ

問2　(1)×　(2)×　(3)○　(4)○　(5)○

応用問題

問　(1)ア　(2)イ

発展問題

問　(1)イ　(2)ウ

❹ 債権の管理と回収②

(ワークブック p.68 〜 69)

基本問題

問1　(1)○　(2)エ　(3)ウ　(4)○　(5)○

問2　(1)○　(2)×　(3)×　(4)○　(5)×

応用問題

問　損害賠償

発展問題

問1　ア

問2　ウ

❹ 債権の管理と回収③

(ワークブック p.70 〜 71)

基本問題

問1　(1)イ　(2)○　(3)ウ　(4)ア　(5)○

問2　(1)○　(2)×　(3)○　(4)×

応用問題

問1　(1)ウ　(2)責任財産　(3)ウ

問2　ウ

問　ウ

❹ 債権の管理と回収④

（ワークブック p.72 〜 73）

基本問題

問1　(1)ウ　(2)エ　(3)○　(4)オ　(5)○

問2　(1)○　(2)○　(3)×　(4)○　(5)○

問3　(1)競売　(2)物上保証人

発展問題

問1　ア

問2　ア

❹ 債権の管理と回収⑤

（ワークブック p.74 〜 75）

基本問題

問1　(1)○　(2)オ　(3)○　(4)エ　(5)ア

問2　(1)×　(2)○　(3)×　(4)×　(5)○

応用問題

問　(1)一番抵当　(2)イ　(3)イ

発展問題

問　(1)イ　(2)ア

❹ 債権の管理と回収⑥

（ワークブック p.76 〜 77）

基本問題

問　(1)エ　(2)○　(3)イ　(4)○　(5)ア

応用問題

問1　(1)法定地上権　(2)イ

問2　(1)ア　(2)極度額

発展問題

問　ウ

❹ 債権の管理と回収⑦

（ワークブック p.78 〜 79）

基本問題

問1　(1)○　(2)×　(3)○　(4)×　(5)○　(6)
×　(7)×　(8)○　(9)×　(10)○　(11)×　(12)×

問2　(1)イ　(2)イ　(3)ア

発展問題

問1　所有権

問2　ウ

❹ 債権の管理と回収⑧

（ワークブック p.80 〜 81）

基本問題

問　(1)×　(2)○　(3)×　(4)×　(5)○　(6)×
(7)○　(8)×　(9)×　(10)○　(11)○　(12)○　(13)
×

応用問題

問　ア

発展問題

問1　イ

問2　ア

❹ 債権の管理と回収⑨

（ワークブック p.82〜83）

問1　(1)エ　(2)ア　(3)イ　(4)オ　(5)ウ

問2　(1)×　(2)○　(3)○　(4)○　(5)○　(6)× 　(7)○

問1　イ

問2　(1)ア　(2)求償権

❺ 債権の消滅①

（ワークブック p.84〜85）

問1　①イ　②ウ　③オ　④ア　⑤エ

問2　(1)×　(2)×　(3)○　(4)×　(5)×　(6)○

問1　(1)イ　(2)ア

問2　代物弁済

❺ 債権の消滅②

（ワークブック p.86〜87）

問1　(1)オ　(2)エ　(3)イ　(4)ア　(5)ウ

問2　(1)×　(2)○　(3)×　(4)×

問1　(1)イ　(2)ウ

問2　更改

問　イ

❻ 契約外の権利義務の変動①

（ワークブック p.88〜89）

問1　①オ　②ア　③エ　④ウ　⑤イ

問2　(1)×　(2)○　(3)○　(4)×　(5)○

問1　(1)消滅時効　(2)ア

問2　イ

❻ 契約外の権利義務の変動②

（ワークブック p.90〜91）

問1　①イ　②エ　③イ　④オ　⑤エ

問2　(1)B　(2)A　(3)B　(4)A　(5)B

問1　(1)消滅時効　(2)イ　(3)ア

問2　(1)ア　(2)イ

❻ 契約外の権利義務の変動③

（ワークブック p.92〜93）

問1　①ウ　②エ　③ア　④オ　⑤イ

問2　(1)○　(2)○　(3)×　(4)×　(5)○　(6)○　(7)×　(8)○

問1　ア

問2　ウ

問3　(1)公告　(2)ア

❻ 契約外の権利義務の変動④

（ワークブック p.94 〜 95）

基本問題

問1　①イ　②ウ　③オ　④ア　⑤エ

問2　(1)×　(2)○　(3)○　(4)○　(5)×　(6)×

応用問題

問　(1)ウ　(2)ウ

発展問題

問　(1)ウ　(2)ア

❻ 契約外の権利義務の変動⑤

（ワークブック p.96 〜 97）

基本問題

問1　①ウ　②オ　③エ　④ア　⑤イ

問2　(1)×　(2)×　(3)×　(4)○　(5)○　(6)○

応用問題

問　相当因果

発展問題

問1　(1)イ　(2)ア

問2　過失責任（の原則）

❻ 契約外の権利義務の変動⑥

（ワークブック p.98 〜 99）

基本問題

問1　①ウ　②オ　③ア　④イ　⑤エ

問2　(1)×　(2)○　(3)○　(4)○　(5)×　(6)○

発展問題

問1　(1)ア　(2)ウ

問2　(1)イ　(2)ア

❻ 契約外の権利義務の変動⑦

（ワークブック p.100 〜 101）

基本問題

問1　①イ　②オ　③ウ　④エ　⑤ア

問2　(1)○　(2)×　(3)×　(4)○

発展問題

問1　製造物責任法

問2　(1)イ　(2)ウ　(3)イ

第3節 ▶ 株式会社の特徴と機関

❶ 株式会社の意義　　（ワークブック p.102）

基本問題

問　(1)エ　(2)○　(3)○　(4)ア　(5)○

発展問題

問　ウ

❷ 株主の責任と地位 （ワークブック p.103）

基本問題

問　(1)○　(2)エ　(3)○　(4)ア　(5)イ

発展問題

問1　株主平等

問2　募集設立

❸ 株式の譲渡 （ワークブック p.104）

基本問題

問　(1)ウ　(2)ア　(3)○　(4)○　(5)○

発展問題

問　ア

❹ 所有（資本）と経営の分離

（ワークブック p.105）

基本問題

問　①オ　②ア　③イ　④ウ　⑤エ

発展問題

問1　取締役会

問2　ア

❺ 株式会社の機関① （ワークブック p.106）

基本問題

問　①ウ　②オ　③エ　④ア　⑤イ

発展問題

問1　ア

問2　ウ

問3　ウ

❺ 株式会社の機関② （ワークブック p.107）

基本問題

問　①オ　②エ　③イ　④ア　⑤ウ

発展問題

問1　イ

問2　イ

❺ 株式会社の機関③ （ワークブック p.108）

基本問題

問　①オ　②ウ　③ア　④エ　⑤イ

発展問題

問1　イ

問2　イ

❺ 株式会社の機関④ （ワークブック p.109）

基本問題

問　①イ　②ウ　③オ　④ア　⑤エ

発展問題

問　イ

❺ 株式会社の機関⑤ （ワークブック p.110）

基本問題

問　①オ　②ア　③ウ　④イ　⑤エ

応用問題

問　ア

発展問題

問　普通（決議）

❺ 株式会社の機関⑥

（ワークブック p.111）

基本問題

問　(1)○　(2)×　(3)○　(4)○　(5)×　(6)○
(7)×　(8)○

応用問題

問　①エ　②イ　③ア

❺ 株式会社の機関⑦　（ワークブック p.112）

基本問題

問　(1)○　(2)○　(3)×　(4)○　(5)○

応用問題

問　株主総会

発展問題

問　イ

第4節▶資金調達と金融取引

❶ 資金調達の方法　（ワークブック p.113）

基本問題

問　(1)×　(2)○　(3)×　(4)○　(5)×　(6)○

応用問題

問　①株式　②社債

発展問題

問　ア

❷ 金融商品に関する法規

（ワークブック p.114）

基本問題

問　(1)×　(2)×　(3)×　(4)○　(5)×　(6)×

発展問題

問　イ

❸ 資金の調達や運用と金融取引の
　現状・課題　（ワークブック p.115）

基本問題

問　①エ　②ウ　③オ　④ア　⑤イ

応用問題

問　(1)クラウドファンディング　(2)ウ

❹ 金融商品の消費者保護

（ワークブック p.116）

基本問題

問　①ウ　②ア　③イ

応用問題

問　(1)イ　(2)イ

❺ 電子記録債権　（ワークブック p.117）

基本問題

問1　(1)×　(2)○　(3)×　(4)○　(5)○
問2　電子記録債権（法）

応用問題

問　(1)ウ　(2)イ

第5節 ▶ 組織再編と清算・再建

❶ 組織再編① （ワークブック p.118）

基本問題

問 (1)○ (2)× (3)× (4)× (5)× (6)×
(7)○

発展問題

問 イ

❶ 組織再編② （ワークブック p.119）

基本問題

問 (1)イ (2)○ (3)○ (4)○ (5)オ

発展問題

問 ウ

❷ 企業の清算・再建 （ワークブック p.120）

基本問題

問 (1)× (2)○ (3)× (4)○ (5)○ (6)×
(7)○ (8)× (9)○ (10)×

第6節 ▶ 競争秩序の確保

❶ 企業活動の制限① （ワークブック p.121）

基本問題

問 (1)エ (2)ウ (3)イ (4)ア

応用問題

問 (1)A (2)A (3)B (4)B (5)A

❶ 企業活動の制限② （ワークブック p.122〜123）

基本問題

問 (1)イ (2)○ (3)エ (4)オ (5)ア

応用問題

問1 (1)ア (2)ウ
問2 (1)イ (2)ア

❷ 知的財産の保護① （ワークブック p.124〜125）

基本問題

問1 (1)○ (2)イ (3)エ (4)○ (5)ア
問2 (1)○ (2)× (3)× (4)○ (5)○

発展問題

問1 ア
問2 (1)ア (2)ウ

❷ 知的財産の保護② （ワークブック p.126〜127）

基本問題

問1 (1)オ (2)ア (3)○ (4)イ (5)○
問2 (1)ウ (2)イ (3)ウ (4)ウ

発展問題

問1 産業財産権
問2 (1)特許庁 (2)商標（権） (3)イ

第**3**章　税と法規

第**1**節 ▶ 税の種類と法人の納税義務

❶ 税の種類と分類　　（ワークブック p.128）

基本問題

問　(1)×　(2)○　(3)×　(4)×　(5)○　(6)×
(7)○　(8)×

発展問題

問　(1)ア　(2)イ

❷ 税額決定の考え方・法人の納税義務
（ワークブック p.129）

基本問題

問　(1)×　(2)○　(3)×　(4)○　(5)×

応用問題

問　(1)ア　(2)外国税額控除　(3)ウ

第**2**節 ▶ 法人税の申告と納付

❶ 企業会計と税務会計　　（ワークブック p.130）

基本問題

問　(1)×　(2)○　(3)○　(4)×　(5)×

応用問題

問 1　①ウ　②ア　③イ

問 2　税効果会計

❷ 法人税の申告と納付のしくみ
（ワークブック p.131）

基本問題

問 1　①○　②イ　③ウ　④オ　⑤○

問 2　(1)○　(2)×　(3)○　(4)○　(5)×

第**3**節 ▶ 消費税の申告と納付

❶ 消費税①　　（ワークブック p.132）

基本問題

問 1　(1)エ　(2)○　(3)○　(4)○　(5)ア

問 2　(1)×　(2)○　(3)○　(4)×　(5)○

❶ 消費税②　　（ワークブック p.133）

基本問題

問 1　(1)エ　(2)○　(3)イ　(4)ア　(5)○

問 2　(1)○　(2)×　(3)×

第**4**章　企業責任と法規

第**1**節 ▶ 法令遵守（コンプライアンス）

❶ 法令遵守と説明責任　　（ワークブック p.134）

基本問題

問 1　(1)○　(2)×　(3)○

問 2　イ

発展問題

問　(1)イ　(2)イ

第**2**節 ▶ 労働者の保護

❶ 労働基本権と労働基準法

（ワークブック p.135）

基本問題

問　(1)○　(2)×　(3)×　(4)○

応用問題

問　(1)ウ　(2)イ

❷ 労働組合法・労働関係調整法

（ワークブック p.136〜137）

基本問題

問1　①ウ　②イ　③エ　④ア　⑤オ

問2　(1)B　(2)A　(3)A　(4)A　(5)B

問3　(1)○　(2)×　(3)×　(4)○

応用問題

問　イ

発展問題

問　(1)ウ　(2)ア

❸ 労働者保護に関する規定と考え方①

（ワークブック p.138）

基本問題

問1　①オ　②エ　③イ　④ウ　⑤ア

問2　(1)A　(2)B　(3)A　(4)B　(5)A

発展問題

問1　ア

問2　イ

❸ 労働者保護に関する規定と考え方②

（ワークブック p.139）

基本問題

問　①イ　②エ　③ウ　④オ

発展問題

問　(1)ウ　(2)労働基準法

❹ その他の主要労働法　（ワークブック p.140）

基本問題

問　①ア　②イ　③オ　④エ　⑤ウ

応用問題

問　ウ

発展問題

問　ア

❺ 働き方改革　（ワークブック p.141）

基本問題

問　①ウ　②エ　③ア　④オ　⑤イ

応用問題

問　(1)イ　(2)イ

❻ 労働者の保護の重要性と課題

（ワークブック p.142）

基本問題

問　①オ　②イ　③エ　④ア　⑤ウ

応用問題

問　(1)ウ　(2)ウ　(3)ア

第**3**節▶消費者の保護

❶ 消費者基本法・消費者契約法Ⅰ

（ワークブック p.143）

`基本問題`

問　①ウ　②オ　③イ　④ア　⑤エ

`応用問題`

問　無効

`発展問題`

問　消費者契約（法）

❷ 消費者契約法Ⅱ　（ワークブック p.144 〜 145）

`基本問題`

問1　(1)B　(2)B　(3)A　(4)B　(5)A

問2　(1)×　(2)○　(3)×　(4)×　(5)○

`応用問題`

問1　(1)イ　(2)イ　(3)ウ　(4)ア

問2　(1)5　(2)1

❸ 特定商取引法Ⅰ　（ワークブック p.146 〜 147）

`基本問題`

問1　(1)A　(2)A　(3)A　(4)B　(5)B

問2　(1)○　(2)○　(3)×　(4)○　(5)×　(6)

×　(7)×　(8)○

`発展問題`

問1　イ

問2　(1)イ　(2)クーリングオフ（制度）

(3)ア

❹ 特定商取引法Ⅱ　（ワークブック p.148 〜 149）

`基本問題`

問1　①エ　②ウ　③イ　④ア　⑤オ

問2　(1)○　(2)×　(3)○　(4)×　(5)○　(6)

×　(7)○　(8)×

`発展問題`

問　(1)ア　(2)イ

❺ 割賦販売法Ⅰ　（ワークブック p.150 〜 151）

`基本問題`

問1　①エ　②イ　③ウ　④ア　⑤オ

問2　(1)○　(2)×　(3)○　(4)×　(5)×

問3　(1)B　(2)A　(3)B　(4)A　(5)A

`応用問題`

問　イ

`発展問題`

問　ア

❻ 割賦販売法Ⅱ・製造物責任法

（ワークブック p.152）

`基本問題`

問　①オ　②エ　③イ　④ア

`発展問題`

問　(1)製造物責任法　(2)ウ

第**4**節 ▶ 情報の保護

❶ 個人情報保護法・不正アクセス禁止法など

(ワークブック p.153)

基本問題

問1　①エ　②オ　③イ　④ア　⑤ウ

問2　(1)A　(2)B　(3)A　(4)B　(5)A

❷ 情報の保護の重要性と課題

(ワークブック p.154 〜 155)

基本問題

問1　①イ　②エ　③ア　④オ　⑤ウ

問2　(1)×　(2)○　(3)×　(4)○　(5)○

応用問題

問1　(1)ア　(2)ウ

問2　ウ

発展問題

問　ア

第**5**節 ▶ 紛争の予防と解決

❶ 紛争の予防

(ワークブック p.156 〜 157)

基本問題

問1　①オ　②ア　③ウ　④エ　⑤イ

問2　(1)○　(2)○　(3)×　(4)○　(5)×　(6)×

応用問題

問　(1)イ　(2)イ

発展問題

問1　公正証書

問2　イ

❷ 紛争の解決①

(ワークブック p.158 〜 159)

基本問題

問1　①ウ　②エ　③オ　④ア　⑤イ

問2　(1)×　(2)○　(3)○　(4)×　(5)×

応用問題

問　(1)イ　(2)イ

発展問題

問1　ウ

問2　ア

❷ 紛争の解決②

(ワークブック p.160 〜 161)

基本問題

問1　①ウ　②エ　③イ　④オ　⑤ア

問2　(1)×　(2)○　(3)×　(4)×　(5)×　(6)○　(7)○

応用問題

問　(1)ウ　(2)ア

発展問題

問1　調停前置（主義）

問2　イ

❷ 紛争の解決③

(ワークブック p.162 〜 163)

基本問題

問1　①エ　②オ　③ア　④イ　⑤ウ

問2　(1)○　(2)○　(3)×　(4)×　(5)○　(6)

○　(7)×

問3　(1) A　(2) B　(3) A　(4) B　(5) A

応用問題

問　(1)ア　(2)ウ

発展問題

問　(1)訴状　(2)ウ

❷ 紛争の解決④　　　（ワークブック p.164 ～ 165）

基本問題

問1　①ウ　②イ　③ア　④エ　⑤オ

問2　(1)×　(2)○　(3)×　(4)○　(5)○

問3　ウ

応用問題

問　(1)ウ　(2)ア

発展問題

問　少額訴訟（手続）

第5章　経済環境の変化と法

第1節 ▶経済環境の変化と法

❶ 法の改正①　　　（ワークブック p.166）

基本問題

問　①オ　②エ　③ウ　④イ　⑤ア

応用問題

問　ウ

❶ 法の改正②　　　（ワークブック p.167）

基本問題

問　①イ　②エ　③ア　④オ　⑤ウ

応用問題

問　サービス

知らなかった譲受人に対しては，債務者はその債務の履行を拒むことができ，かつ，譲渡人に対する弁済その他の債務を消滅させる事由をもって対抗することができる。　　（　　　）

問1　次の文章を読み，□□□□にあてはまる数字を一つ選びなさい。

（商業経済検定第4回一部修正）

　動産が盗品または遺失物の場合には，真実の所有者保護の立場から，動産の即時取得（善意取得）の例外として，被害者または異質主は，盗難または異質のときから□□□□年間は，その物の占有者に対して返還を求めることができる。

　　ア．1　　イ．2　　ウ．3

....

問2　次の文章を読んで，文中の　①　・　②　にあてはまる適切な語句の組み合わせを一つ選びなさい。

（商業経済検定第7回一部修正）

　債権も物権と同様に原則として第三者に譲渡できる。この債権譲渡は，譲渡人と譲受人の合意だけで成立するが，そのことを債務者その他の第三者に主張するためには，譲渡人から債務者に対して　①　をするか，債務者の　②　が必要である。

　　ア．①承諾・②通知　　　イ．①通知・②承諾　　　ウ．①通知・②裏書

....

問3　次の文章を読んで，問いに答えなさい。　　（商業経済検定第34回一部修正）

　Aのカメラを預かっていたBが，そのカメラをCに売って引き渡した場合，CがそのカメラをBのものであると信じ，また信じたことに過失がないと認められるときは，Cはそのカメラの所有権を取得する。このように，(a)取引行為によって，買い主が動産の占有者を真実の所有者だと信じ，また信じたことに過失なく，平穏かつ公然とその動産を取得した場合，買い主はその動産の所有権を取得するものと民法に規定されている。ただし，例外として，その(b)動産が盗品や遺失物である場合には，真実の所有者を保護する規定もある。

(1)　下線部(a)を何というか，次のなかから正しいものを一つ選びなさい。

　　ア．時効による取得　　　イ．登記による取得　　　ウ．動産の即時取得

....

(2)　下線部(b)の内容として，次のなかから正しいものを一つ選びなさい。

　　ア．動産の被害者または遺失者は，盗難または遺失の時から期間の定めがなく，その動産の占有者に対し返還を請求することができる。

　　イ．動産の被害者または遺失者は，盗難または遺失の時から2年間は，その動産の占有者に対し返還を請求することができる。

　　ウ．動産の被害者または遺失者は，盗難または遺失の時から5年間は，その動産の占有者に対し返還を請求することができる。

....

第2節　企業活動における契約

▶▶2　売買契約④

- - 【学習の要点】- -

• 売買契約では，売主が引き渡した物や権利が完全でなかった場合，売主は**担保責任**を負う。

基本問題

問1　次の(1)〜(5)について，下線部が正しいときは○を記入し，誤っているときは解答群から正しいものを選び記号で答えなさい。

(1)　売買契約にもとづいて，買主に引き渡された目的物が，種類，品質または数量に関して契約の内容に適合しない場合，買主は<u>追完請求</u>ができる。

(2)　買主が相当の期間を定めて履行の追完の催告をし，その期間内に履行の追完がないときは，買主はその不適合の程度に応じて，<u>代金減額請求</u>ができる。

(3)　買主がその契約内容不適合を知った時から<u>3年以内</u>にその旨を売主に通知しないときは，買主は履行の追完請求，代金減額請求，損害賠償請求および契約の解除をすることはできない。

(4)　他人の権利を売買の目的としたときは，売主は，その権利を取得して買主に移転する義務を負う。この義務を<u>善管注意義務</u>という。

(5)　消費者契約法によれば，契約不適合責任を免除する特約や，事業者にその責任の有無・程度を決定する権限を付与する特約は<u>無効</u>である。

【解答群】

ア．権利移転義務　　イ．有効　　ウ．借賃増減請求　　エ．1年以内　　オ．造作買取請求

(1)	(2)	(3)	(4)	(5)

問2　次の文章で正しいものには○を，間違っているものには×をつけなさい。

(1)　契約内容不適合が買主の責めに帰すべき事由によるものであっても，買主は履行の追完請求をすることができる。　　　　　　　　　　　　　　　　　　　　　　　（　　　）

(2)　土地売買で目的たる土地に地上権・地役権などの用益物権が存在している場合など，移転した権利の契約内容不適合も，目的物の契約内容不適合と同様である。　　（　　　）

(3) 買主がその契約内容不適合を知った時から３年以内にその旨を売主に告知しないときは，買主は，履行の追完請求，代金減額請求，損害賠償請求および契約の解除をすることができない。　　　　　　　　　　　　　　　　　　　　　　　　　　　　　（　　　）

発展問題

問1　次の文章を読んで，問いに答えなさい。 （商業経済検定第８回・第21回一部修正）

　売買における売り主の担保責任として問題となるのは，買主の取得する物が品質または数量などに関して契約の内容に適合しない場合である。このとき，買主は売主に対して目的物の修補や代替物の引渡し，または不足分の引渡しなどを請求することができる。これを，□□□請求という。買主はそれに加えて履行の□□□がないときは，代金減額請求や損害賠償の請求，(a)契約の解除もできる。ただし，原則として買主が契約内容の不適合を知った時から，(b)一定期間内に売主に通知しなければならない。

(1) 文中の□□□にあてはまる語を，次のなかから一つ選びなさい

　ア．債務　　イ．検査　　ウ．追完 　　　　　　　　　　　　………………

(2) 下線部(a)の例として最も適切なものを，次のなかから一つ選びなさい。

　ア．売主は代金を返還せずに，新しい商品と古い商品を交換する。

　イ．売主は代金を割引販売して，売買契約を新たに締結する。

　ウ．買主は商品を返還し，売主は代金を返還する。 　　　　　　………………

(3) 下線部(b)の一定期間とは何年間か，次のなかから正しいものを一つ選びなさい。

　ア．３年間　　イ．２年間　　ウ．１年間 　　　　　　　　　………………

問2　次の文章を読み，下線部の内容として，最も適切なものを一つ選びなさい。

（商業経済検定第37回一部修正）

　Ａは，新築住宅を購入することになり，目にみえる不具合はないと思っている。しかし，売買の目的物自体に外からではわからない契約内容の不適合があった場合，売主に対して履行の追完や代金の減額，損害賠償の請求や契約の解除などの権利は，不適合を知ってからいつまでに売主に通知しなければ行使できなくなるのか，念のために調べておくことにした。

　ア．契約内容の不適合を知ってから，１年以内に通知しなければ，権利の行使はできなくなる。

　イ．契約内容の不適合を知ってから，３年以内に通知しなければ，権利の行使はできなくなる。

　ウ．契約内容の不適合を知ってから，通知期限の定めはなく，いつでも権利の行使ができる。 　　　　　　　　　　　　　　　　　　　　　　　　　　　　　………………

第2節　企業活動における契約

▶▶3　賃貸借契約①

- - 【学習の要点】 -

• **賃借権**は，賃借物の使用・収益を目的とする債権である。

┃ 基本問題

問1　次の(1)〜(5)について，下線部が正しいときは○を記入し，誤っているときは解答群から正しいものを選び記号で答えなさい。

(1)　<u>賃借人</u>は，賃料を支払い，賃貸借が終了したら賃借物を返還する債務を負う。

(2)　処分権限を有しない者が賃貸借をする場合には，<u>長期賃貸借</u>しかすることができない。

(3)　賃貸借の期間は<u>50年</u>を超えることができず，契約でこれより長い期間を定めたときであっても，その期間は50年となる。

(4)　不動産を目的とする賃借権については，民法および借地借家法，農地法などの特別法で大きく修正され，賃借人の地位の強化が図られている。これを不動産賃借権の<u>債権化</u>という。

(5)　借地借家法は，建物所有を目的とする地上権または土地の賃借権（借地権）については建物登記，建物賃借権（借家権）については<u>建物引渡し</u>に対抗力を与え，これを保護している。

【解答群】

ア．建物の登記　　イ．30年　　ウ．賃貸人　　エ．短期賃貸借　　オ．物権化

(1) …………　(2) …………　(3) …………　(4) …………　(5) …………

問2　次の文章で正しいものには○を，間違っているものには×をつけなさい。

(1)　賃借物の全部が滅失その他の事由により使用・収益できなくなった場合には，賃貸借は，これによって終了する。　　　　　　　　　　　　　　　　　　　　　　（　　　）

(2)　当事者が賃貸借の期間を定めなかったときは，各当事者は解約の申入れをすることができない。　　　　　　　　　　　　　　　　　　　　　　　　　　　　　　　（　　　）

(3)　賃貸借の期間が満了した後賃借人が賃借物の使用または収益を継続する場合において，貸借人がこれを知りながら異議を述べないときは，従前の賃貸借と同一の条件でさらに賃貸借をしたものと推定される。　　　　　　　　　　　　　　　　　　　　　　（　　　）

(4) 不動産の賃借権を登記したときは，その不動産について物権を取得した者その他の第三者に対抗することができる。そのため賃借人は賃貸人に登記を請求し，賃貸人は登記義務があるので，不動産の賃借権は，登記されるのが普通である。　　　　　　　　　（　　　）

応用問題

問　次の文章を読み，問いに答えなさい。

　賃借権は債権なので，物権とは異なり債務者は債権者にしか権利を主張できないのが原則である。たとえばＡがＢから土地を借りて，その土地に建物を建てた場合，Ｂがその土地をＣに売却すると，原則的には新しい地主であるＣはＡに対して，建物の収去と土地の明け渡しを請求できることになる。しかし，これでは建物の取り壊しが無駄になるので，賃借権の登記をすれば，ＡはＣに対抗できるものとした。

　しかし，この登記ではあまり効果がでないので，民法の特別法である借地借家法では，Ａが建てた建物の所有権登記があれば☐☐☐☐☐の対抗力を認めている。

(1) 文中の下線部の説明として，最も適切なものを次のなかから一つ選びなさい。

　　ア．賃借権の登記をしても，誰も見ないため。　　イ．賃貸人に登記義務がないため。

　　ウ．登記に要する手数料が高額なため。　　　　　　　　　　　　　　　　　………………

(2) 文中の☐☐☐☐☐にあてはまる語句として，最も適切なものを次のなかから一つ選びなさい。

　　ア．借家権　　イ．借地権　　ウ．所有権　　　　　　　　　　　　　　　………………

発展問題

問　次の文章を読み，下線部の内容として最も適切なものを一つ選びなさい。

（商業経済検定第36回一部修正）

　Ａは相続した土地を活用するために，民法や借地借家法について調べていた。そして，最初に(a)不動産賃借権の物権化を理解した。また，(b)原状回復のためのクリーニング代や家賃不払いなど，賃借人が賃貸人に与えた損害の賠償を保証するためのもので，契約終了時には未払いの債務を清算し，残金を返すとされている金銭についても理解を深めた。

(1) 下線部(a)の内容として，次のなかから適切なものを一つ選びなさい。

　　ア．不動産の賃借権が物権でありながら，債権と同様の対抗力を与えられている傾向のこと

　　イ．不動産の賃借権が債権から物権という権利へ，法律で改正されていこうとする傾向のこと

　　ウ．不動産の賃借権が債権でありながら，物権と同様の対抗力を与えられている傾向のこと

　　　　　　　　　　　　　　　　　　　　　　　　　　　　　　　　　　　　………………

(2) 下線部(b)を何というか，次のなかから適切なものを一つ選びなさい。

　　ア．礼金　　イ．敷金　　ウ．保証金　　　　　　　　　　　　　　　　　………………

第2節　企業活動における契約

▶▶3　賃貸借契約②

----【学習の要点】----

- 賃借人の地位を譲受人に移転させることを**賃借権の譲渡**という。
- 賃借人が賃借物を第三者に貸すことを**賃借物の転貸**という。

| 基本問題

問1　次の(1)〜(5)について，下線部が正しいときは〇を記入し，誤っているときは解答群から正しいものを選び記号で答えなさい。

(1)　賃借権の譲渡には，<u>裁判所</u>の承諾が必要である。

(2)　賃借権の無断譲渡があった場合には，賃貸借契約を継続するに堪えない背信的行為があったものとして，賃貸人に賃貸借契約の<u>解除権</u>が認められる。

(3)　賃貸人の承諾なく賃借物を転貸しても，その行為が賃貸人に対する背信的行為と認めるに足りない特段の事情があるときは，解除権は発生しない。これを<u>不動産賃借権の物権化</u>という。

(4)　賃借人は，賃料後払いの原則により，動産や建物，宅地については毎月末，その他の土地については毎年末に賃料を支払わなければならないが，家賃などは特約で<u>賃料前払い</u>とされることが多い。

(5)　賃借人は，契約または目的物の性質によって定まった用法に従って使用・収益しなければならず，賃借物を返還するまで，善良な管理者の注意をもって目的物を保管しなければならない。これを<u>原状回復義務</u>という。

【解答群】

ア．損害賠償請求権　　イ．用法遵守義務　　ウ．信頼関係破壊理論　　エ．賃料後払い
オ．賃貸人

(1)　　　　　　(2)　　　　　　(3)　　　　　　(4)　　　　　　(5)

問2　次の文章で正しいものには○を，間違っているものには×をつけなさい。

(1)　営業用建物の賃借人が第三者と共同経営を始めた場合，第三者が賃借人と対等ないし主導的な立場で共同経営にあたる場合は転貸になる。　　　　　　　　　　　（　　　）

(2) 賃借物の転貸では，賃借人は賃貸関係から離脱する。（　　　）

(3) 賃借物の転貸には賃貸人の承諾を必要とし，無断転貸は賃貸借契約の解除原因となるが，信頼関係破壊理論によって制限される。（　　　）

応用問題

問　次の文章を読み，問いに答えなさい。

Aは自分が所有している建物をBに賃貸していたが，無事に賃貸借契約が終了した。賃借物を受け取った後に損傷があれば，その損傷を現状に戻す義務がBにはある。そこで，Aが賃借物である建物を調べたところ，通常の使用および収益によって生じた損耗である壁紙の色落ちの補修に10万円，通常の使用および収益によって生じた損耗には該当しない壁の穴の補修に20万円の費用がかかると見積もられた。AはBから敷金として35万円を受け取っていた。

(1) 文中の下線部を何というか，次のなかから適切なものを一つ選びなさい。

　　ア．用法遵守義務　　イ．信頼関係破壊理論　　ウ．原状回復義務　　・・・・・・・・・・・・・・・・・

(2) AからBに返金する敷金の額として，次のなかから適切なものを一つ選びなさい。

　　ア．35万円　　イ．15万円　　ウ．5万円　　・・・・・・・・・・・・・・・・・

発展問題

問　次の文章を読み，問いに答えなさい。 （商業経済検定第30回一部修正）

Aは，近所にあるB所有の家を借りる契約を不動産業者と結んだ。このとき(a)家賃不払いや部屋の補修など，AがBに与えた損害の賠償を保証するためのもので契約が終了した時は未払い債務を清算し，残金が返還される金銭を不動産業者に預けた。

しばらくして親戚のCが泊まりに来て，AはCに家を転貸することにした。後日，BはAがCに家を転貸していることを知って，家主と賃借人の信頼関係を崩す行為だと言ってきた。(b)Aは民法の規定では借家の転貸についてどのようになっているのか，調べてみることにした。なお，特約はない。

(1) 下線部(a)を何というか，次のなかから最も適切なものを一つ選びなさい。

　　ア．礼金　　イ．敷金　　ウ．証拠金　　・・・・・・・・・・・・・・・・・

(2) 下線部(b)の結論として，次のなかから最も適切と思われるものを一つ選びなさい。

　　ア．貸借人は，家主の承諾を得なくとも転貸することができるので，賃借人が無断で転貸した場合でも，家主は賃借人に対して契約の解除をすることができない。

　　イ．賃借人は，家主の承諾が得られない場合，裁判所の許可を得ることにより，転貸することができるので，家主は賃借人に対して契約の解除をすることができない。

　　ウ．賃借人は，家主の承諾を得なければ，転貸することができないので，無断で転貸した場合は，家主は貸借人に対して契約の解除をすることができる。　・・・・・・・・・・・・・・・・・

_第2_節 企業活動における契約

▶▶3 賃貸借契約③

基本問題

問1 次の(1)〜(5)について，下線部が正しいときは○を記入し，誤っているときは解答群から正しいものを選び記号で答えなさい。

(1) 借地契約の期間満了時に建物があるときは，<u>裁判所</u>が正当事由のある異議を述べない限り，借地権者の更新請求または使用継続により更新する。

(2) 地代の額が不相当になったときは，借地権設定者または借地権者から，地代の増額または減額を請求できる。これを<u>地代増減請求権</u>という。

(3) 借地権の存続期間が終了し，契約が更新されない場合には，<u>借地権設定者</u>に建物買取請求権が認められる。

(4) 存続期間を50年以上として借地権を設定する場合には，居住用・事業用を問わず，契約の更新や建物の築造による存続期間の延長がなく，建物の買取請求もしないことを書面で特約することができる。これを<u>建物譲渡特約付借地権</u>という。

(5) 建物譲渡特約付借地権とは，借地権を消滅させるため，設定後<u>30年</u>以上経過した日に，借地権者が借地権設定者に建物を相当の対価で譲渡する旨の特約を定めたものである。

【解答群】

　　ア．建物買取請求権　　　イ．借地権者　　　ウ．50年　　　エ．借地権設定者
　　オ．一般定期借地権

　　　　　　　　　　　　　　(1)　　　　　　(2)　　　　　　(3)　　　　　　(4)　　　　　　(5)
　　　　　　　　　　　　　　..............　　..............　　..............　　..............　　..............

問2 次の文章で正しいものには○を，間違っているものには×をつけなさい。

(1) 借地借家法では，当初の借地契約のさいには30年以上，最初の更新は20年以上，その後の更新は10年以上とされている。　　　　　　　　　　　　　　　　　　　　　　　　　（　　　）

(2) 存続期間満了時に建物が滅失し，借地権設定者の承諾を得て残存期間を超えて存続する建物を築造したときは，承諾があった日または築造された日のいずれか遅い日から20年間存続する。 （　　　）

(3) 借地権者は，借地上に所有する建物を自由に譲渡することができるが，譲受人が借地上に引き続き建物を所有するには，借地権者から借地権の譲渡または転貸を受け，その借地権の譲渡・転貸について借地権設定者の承諾を得なければならない。 （　　　）

応用問題

問 次の文章を読み，問いに答えなさい。

　賃貸借の期間が終了しても，正当事由がなければ，なかなか地主は土地を返してもらえない。そこで，借地借家法は契約期間の更新がない定期借地権を導入した。定期借地権には，(a)借地権の存続期間を50年以上とするもの，(b)設定後30年以上が経過した日に借地上の建物をあらかじめ借地権設定者に譲渡することを定めておくもの，(c)30年以上50年未満あるいは10年以上30年未満の事業用の定期借地権がある。こうした定期借地権はいずれも，当初の契約期間の満了で賃貸借が終了する。

(1) 下線部(a)と下線部(b)を何というか，次のなかから最も適切な組み合わせを一つ選びなさい。

　　ア．(a)一般定期借地権・(b)建物譲渡特約付借地権

　　イ．(a)事業用定期借地権・(b)建物譲渡特約付借地権

　　ウ．(a)建物譲渡特約付借地権・(b)一般定期借地権 ……………………

(2) 下線部(c)の設定契約に必要な真正な公文書を何というか，漢字4文字で記入しなさい。

……………………………

発展問題

問 普通借地権の存続期間の説明として最も適切なものを答えなさい。

（商業経済検定第36回一部修正）

　　ア．当事者が期間を定めなかった場合，最初の存続期間は一律30年，1回目の更新では20年，2回目以降は10年とされており，当事者がこれより長い期間を定めることもできる。

　　イ．当事者が期間を定めなかった場合，最初の存続期間は一律30年，1回目の更新では20年，2回目以降は10年とされており，当事者がこれより長い期間を定めることはできない。

　　ウ．当事者が期間を定めなかった場合，存続期間は一律20年とされており，次回の更新も20年となり，当事者がこれより長い期間を定めることもできる。 ……………………

第2節 企業活動における契約

▶▶3 賃貸借契約④

----【学習の要点】--

• アパート・店舗などの建物の賃借権を**借家権**という。

基本問題

問1　次の(1)～(5)について，下線部が正しいときは○を記入し，誤っているときは解答群から正しいものを選び記号で答えなさい。

(1)　1年以上の期間の定めがある借家契約において，期間満了の 1年前から6か月前までの間に，当事者が相手方に更新拒絶の通知をしないと，同一条件で更新したものとみなされる。

(2)　経済事情の変動などによって借賃の額が不相当になったときは，当事者は，借賃の増額または減額を請求することができる。これを 借賃増減請求権 という。

(3)　借家契約が終了するとき，賃借人は賃貸人の同意を得て建物に付加した建具・エアコンなどの造作を，賃貸人に時価で買い取るよう請求することができる。これを 損害賠償請求権 という。

(4)　定期借家契約が床面積 300平米以下 の居住用建物であるときは，一定の条件のもとに，賃借人は解約申入れが認められ，申入れた日から1か月後に借家契約は終了する。

(5)　期間を 2年未満 とする建物の賃貸借は，期間の定めがないものとみなされる。

【解答群】

ア．2年　　　イ．造作買取請求権　　　ウ．建物買取請求権　　　エ．200平米　　　オ．1年

(1)	(2)	(3)	(4)	(5)

問2　次の文章で正しいものには○を，間違っているものには×をつけなさい。

(1)　賃貸人の更新拒絶には，正当事由が必要とされるが，賃貸人の側から借家契約を終了することは，一般的には容易である。　　　　　　　　　（　　　）

(2)　借家契約に期間の定めがある場合は，特約がない限り，当事者は一方的に解約することはできない。　　　　　　　　　（　　　）

(3)　期間の定めがない借家契約は，各当事者がいつでも解約の申入れをできる。（　　　）

(4)　定期借家契約は，期間満了によって確定的に終了する。　　　　（　　　）

問 賃借権は債権なので，賃借人は賃貸人にしか賃借権を主張できないのが原則になる。しかし，この原則のままでは，建物の所有者が変わると建物を出ていかなくてはならなくなることもある。そこで，借地借家法では，「建物の賃貸借は，その ① がなくても，建物の ② があったときは，その後その建物について物権を取得した者に対し，その効力を生ずる」と定めている。こうした建物の賃借権を ③ という。

(1) 文中の ① と ② にあてはまる語句の組み合わせとして，最も適切なものを次のなかから一つ選びなさい。

　ア．①引渡し・②登記　　イ．①占有・②登記　　ウ．①登記・②引渡し
　　　　　　　　　　　　　　　　　　　　　　　　　　　　　　　......................

(2) 文中の ③ にあてはまる語句を漢字3文字で記入しなさい。
　　　　　　　　　　　　　　　　　　　　　　　　　　　　　　　......................

発展問題

問　次の文章を読み，問いに答えなさい。　　　　　　　（商業経済検定第4回一部修正）

　民法は賃貸借について規定しているが，土地および(a)建物の賃貸借についてみると，民法の規定だけでは，建物の所有を目的とする土地の賃借人および(b)借家人の立場が不利である。そこで特別法により，その保護をはかっている。

(1) 下線部(a)に関して，借地借家法が定めている対抗要件として，最も適切なものを一つ選びなさい。

　ア．建物の賃貸借を，新家主に対抗するためには賃借権の登記が必要である。

　イ．建物の賃貸借を，新家主に対抗するためには建物の引渡しを受ければよい。

　ウ．建物の賃貸借を，新家主に対抗するためには敷金と礼金を納付すればよい。
　　　　　　　　　　　　　　　　　　　　　　　　　　　　　　　......................

(2) 下線部(b)に関して，その保護が規定されている法律の内容の一つとして，次のなかから正しいものを一つ選びなさい。

　ア．普通借家権では，1年以上の期間を定めた場合には，期間満了の1年前から6か月前までの間に，更新拒絶の通知をしないと，同一条件で更新したものとみなされる。

　イ．期間の定めがない借家契約は，各当事者がいつでも解約の申入れをできるが，家主から解約を申し入れることはできない。

　ウ．普通借家契約で，期間の定めがない場合は，借家人はいつでも解約の申入れをすることができ，申入れ後6か月を経過したとき，借家関係が終了する。
　　　　　　　　　　　　　　　　　　　　　　　　　　　　　　　......................

(3) 賃貸借契約が終了した場合，借家人は，家主の同意を得て建物に加えた造作などを時価で買い取るように家主に対して請求できる権利が認められている。この請求権を何というか，漢字7文字で答えなさい。
　　　　　　　　　　　　　　　　　　　　　　　　　　　　　　　......................

_第2_節　企業活動における契約

▶▶4　債権の管理と回収①

| 基本問題 |

問1　次の(1)～(5)について，下線部が正しいときは○を記入し，誤っているときは解答群から正しいものを選び記号で答えなさい。

(1)　債務者が履行しようと思えば履行できるにもかかわらず，債務の履行期がきても履行しない場合を<u>履行不能</u>という。

(2)　債権者は債務者に対して，履行が遅れたことによる損害の賠償を請求することができ，この賠償のことを<u>遅延賠償</u>という。

(3)　債務の履行が，契約その他の債務の発生原因および取引上の社会通念に照らして不能であることを<u>履行不能</u>という。

(4)　債務者の責めに帰すべき事由による不能の場合は，債権者は，債務の履行に代わる損害賠償の請求をすることができ，これを<u>填補賠償</u>という。

(5)　いちおう履行はなされたが，債務の本旨に従った内容のものでなかった場合を<u>危険負担</u>という。

【解答群】

　　ア．原状回復義務　　　イ追完請求　　　ウ．不完全履行　　　エ．履行の強制　　　オ．履行遅滞

　　　　　　　　　　　(1)　　　　　　(2)　　　　　　(3)　　　　　　(4)　　　　　　(5)
　　　　　　　　　　…………　　　…………　　　…………　　　…………　　　…………

問2　次の文章で正しいものには○を，間違っているものには×をつけなさい。

(1)　履行遅滞における損害賠償の範囲は，原則として通常生じるはずの損害に限られ，物品によって支払われる。　　　　　　　　　　　　　　　　　　　　　　　　　　（　　　）

(2)　金銭の支払いを内容とする債務については，天災などの不可抗力によって履行が遅れた場合には免責される。　　　　　　　　　　　　　　　　　　　　　　　　　　　（　　　）

(3)　債権者は，履行遅滞にある債務者に対して，相当の期間を定めて履行するよう催告し，その期間内に債務者が履行しないときは，契約を解除することができる。　　　（　　　）

(4)　債権者の責めに帰すべき事由による履行不能の場合は，債権者は，ただちに契約の全部または一部を解除することができる。　　　　　　　　　　　　　　　　　　　（　　　）

(5)　不完全履行において，債権者は，目的物の修補，代替物の引渡しなどの追完を請求することができる。　　　　　　　　　　　　　　　　　　　　　　　　　　　　　　（　　　）

問　次の文章を読み，問いに答えなさい。

　ＡはＢが所有する建物を購入する契約を締結し，３月末にＢが建物を引渡して登記手続きをおこない，Ａは代金を支払う予定だった。しかしＢの個人的な事情によって建物の引渡しを受けることができず，Ａは自宅をすでに売却していたため，月額30万円の高級マンションを借りて，３か月にわたり居住していた。ただし，その地域の平均的な賃料は月額10万円だった。６月末になり，ようやくＢから建物の引渡しを受けて，Ａはその建物に転居した。

(1)　文中のＢの債務不履行は次のどれにあてはまるか，最も適切なものを一つ選びなさい。

　　ア．履行遅滞　　イ．履行不能　　ウ．不完全履行

　　　　　　　　　　　　　　　　　　　　　　　　　　　　　　　..................

(2)　ＡはＢに対して，どのような損害賠償の請求ができるか，次のなかから最も適切なものを一つ選びなさい。

　　ア．ＡはＢに対して，90万円相当の金塊の引渡しを請求できる。

　　イ．通常生じるはずの損害である30万円の損害賠償をＡはＢに請求できる。

　　ウ．実際に90万円の損害が生じているので，ＡはＢに90万円の損害賠償を請求できる。

　　　　　　　　　　　　　　　　　　　　　　　　　　　　　　　..................

問　次の文章を読み，問いに答えなさい。　　　　　　　　（商業経済検定第35回一部修正）

　Ａは書店で小説を購入した。自宅に帰りさっそく小説を読んでいると，途中のページが５ページほど抜けていることに気が付いた。Ａは，(a)このような本の落丁は，売り主である書店の店主が債務を履行していないと考えた。その小説を書店に持っていくと，在庫がないため２週間後に届くまで待つか，契約を解除するのではどうかと提案された，ただし，契約を解除すると(b)現状回復義務が生じるとのことだったので，Ａは２週間待つことにした。

(1)　下線部(a)のような債務不履行を何というか，次のなかから正しいものを一つ選びなさい。

　　ア．履行遅滞　　イ．不完全履行　　　ウ．履行不能

　　　　　　　　　　　　　　　　　　　　　　　　　　　　　　　..................

(2)　本文の主旨から，下線部(b)の説明として，次のなかから適切なものを一つ選びなさい。

　　ア．Ａは，購入した小説を書店の店主に返還する必要はなく，書店の店主は，Ａから受け取っていた現金を返還しなければならないこと。

　　イ．Ａは，新しい小説が届くまで購入した小説を預かり，書店の店主は，Ａから受け取っていた現金を返還せずに，新しい小説と交換して契約をした時と同じ状態に戻すこと。

　　ウ．Ａは，購入した小説を書店の店主に返還し，書店の店主は，Ａから受け取っていた現金を返還して，契約する前の状態に戻さなければならないこと。

　　　　　　　　　　　　　　　　　　　　　　　　　　　　　　　..................

企業活動における契約

第**2**節

▶▶▶4 債権の管理と回収②

- - -【学習の要点】- -

- 物の引渡しや金銭の支払いなどの与える債務について，裁判所の手を借りて，債権の内容を直接的に実現することを**直接強制**という。

▎基本問題

問1　次の⑴〜⑸について，下線部が正しいときは〇を記入し，誤っているときは解答群から正しいものを選び記号で答えなさい。

⑴　物の引渡しや金銭の支払いなどの<u>与える債務</u>については，裁判所の手を借りて，債権の内容を直接的に実現することができる。

⑵　なす債務の場合には，債務者に費用を出させて，その行為を第三者におこなわせる<u>間接強制</u>が用いられる。

⑶　債務を履行しない場合に，１日につきいくら支払えと命じて，債務者に心理的な圧迫を加え，間接的に履行を強制する方法を<u>直接強制</u>という。

⑷　<u>競売</u>とは，公開して売り出し，最高価格で買い受けを希望する者に売却する手続きのことをいう。

⑸　債務の履行を命じる判決のように，債権の存在を明らかにし，強制執行の根拠となる証書を<u>債務名義</u>という。

【解答群】

　ア．強制労働　　イ．損害賠償　　ウ．間接強制　　エ．代替執行　　オ．なす債務

(1)	(2)	(3)	(4)	(5)

問2　次の文章で正しいものには〇を，間違っているものには×をつけなさい。

⑴　債務の履行期がきても債務者が履行しないため，履行を強制しようとする債権者は，まず裁判所に訴えて，債務の履行を命じる判決をもらわなければならない。　　　　　（　　　）

⑵　なす債務が履行されない場合，裁判所を介して直接強制をおこなうこともある。（　　　）

⑶　Ａの土地に隣地所有者Ｂの塀が倒れ込み，その撤去を命じる判決が出ているにもかかわらず，Ｂが必要な工事をおこなわない場合には，Ａは裁判所に請求してＢに直接撤去させ

ることができる。　　　　　　　　　　　　　　　　　　　　　　　　　　　（　　　）

(4)　直接強制や代替執行が可能な場合であっても，事案によっては間接強制による方が迅速か
　　つ効率的に，執行の目的を達成できる場合がある。　　　　　　　　　　　（　　　）

(5)　夫婦の同居義務や芸術家の作品を創作する債務なども，間接強制が許される。　（　　　）

応用問題

問　次の文章の空欄にあてはまる語句を漢字4字で答えなさい。

　H市役所は世界になだたる芸術家であるAに，市役所のモニュメントの作成を依頼し，H市
の記念事業式典に間に合うように完成期日も定めていた。しかし，式典直前になって「インスピ
レーションがわかない」という理由で，作品ができていないことが判明した。このときH市役
所のとりうるべき手段としては，履行を強制する方法はなく，債務不履行にもとづいて□□□□を
得られるのみである。

発展問題

問1　直接執行の内容として，次のなかから最も適切なものを一つ選びなさい。

（商業経済検定第32回一部修正）

　ア．債務者の意思に関わらず，裁判所の手によって債権の内容を実現する方法である。

　イ．債務者に費用を出させて，その行為を第三者に行わせる方法である。

　ウ．債務者に心理的な圧迫を加えることによって，間接的に履行を強制する方法である。

**問2　次の文章を読み，下線部のような強制執行を何というか，最も適切なものを一つ選びなさ
　　い。**

（商業経済検定第35回一部修正）

　Aは，隣家のBが所有するとても大きな樹木がAの土地に倒れていることに気が付いた。A
はBに対して，「私の土地に倒れた樹木を早急に撤去してください」とお願いしたが，しばらく
経ってもBは倒れた樹木を撤去してくれなかった

　そのため，Aは弁護士に相談することにした。すると弁護士はAに「Bさんに樹木を撤去する
よう，裁判所に請求手続きを行います」と言った。Aは，手続きを進めるために弁護士と契約を
結んだ。弁護士は，「裁判所が判決で樹木を撤去する命令を出しているにもかかわらず，Bさん
が樹木を撤去しない場合には，Bさんの代わりに，業者を探して樹木を撤去させ，かかった費用
のすべてをBさんに負担させる強制執行を裁判所に申請できます」とAに教えてくれた

　ア．間接強制　　イ．直接強制　　ウ．代替執行

第2節　企業活動における契約

▶▶▶4　債権の管理と回収③

--- 【学習の要点】 -

• 債権の担保制度

物的担保	一定の財産的価値をもつ物を債権の担保とすること
人的担保	債務者以外の別の人の資力や信用を担保とすること

▎基本問題

問1　次の(1)〜(5)について，下線部が正しいときは〇を記入し，誤っているときは解答群から正しいものを選び記号で答えなさい。

(1)　一定の財産的価値をもつ物を債権の担保とすることを<u>人的担保</u>という。

(2)　物的担保には，当事者の契約によって生じる約定担保物権と，法律の規定によって当然に認められる<u>法定担保物権</u>がある。

(3)　1人の債務者に対して債権者が何人もいる場合，それぞれの債権者が債務者の財産に対して平等の権利をもち，特定の債権者が優先的に権利を行使することができないことを，<u>優先弁済的効力</u>という。

(4)　担保物権は，債権を担保するために存在するので，債権が弁済によって消滅すれば，担保物権も消滅する。これを<u>随伴性</u>という。

(5)　担保物権は，目的物の売却・賃貸・滅失・損傷などにより，債務者が受け取る金銭その他の物に対しても，権利を行使することができる。これを<u>物上代位性</u>という。

【解答群】

　　ア．付従性　　イ．物的担保　　ウ．債権者平等の原則　　エ．責任財産　　オ．用益物権

　　　　　　　　　(1)　　　　　　(2)　　　　　　(3)　　　　　　(4)　　　　　　(5)

問2　次の文章で正しいものには〇を，間違っているものには×をつけなさい。

(1)　抵当権にはほかの債務者を排除して優先的に弁済を受ける強い効力（優先弁済的効力）が与えられる。　　　　　　　　　　　　　　　　　　　　　　　　　　　　　　（　　　）

(2)　債権が譲渡されると担保物権もこれにともなって移転する。これを付従性という。

　　　　　　　　　　　　　　　　　　　　　　　　　　　　　　　　　　　　　（　　　）

(3) 債務の最終的な引当てになっている債務者の全財産を責任財産という。　　　（　　　）

(4) 約定担保物権には，留置権と先取特権がある。　　　　　　　　　　　　　（　　　）

応用問題

問1　次の文章を読み，問いに答えなさい。

　債務者Xに，Aが1,000万円，Bが2,000万円，Cが3,000万円を貸し付けたが，Xが弁済不能になったため，全財産を裁判所の□□□手続にしたがって換金したところ，(a)土地が2,000万円，その他の財産が1,000万円であった。このとき(b)3人は債権額に比例して配当を受けることになる。

(1) 文中の□□□にあてはまる語句として，最も適切なものを一つ選びなさい。

　　ア．和解　　イ．売却　　ウ．競売　　　　　　　　　　　　　　　……………………

(2) 下線部(a)のように，債務の最終的な引当てになっている財産を何というか，漢字4文字で記入しなさい。

　　　　　　　　　　　　　　　　　　　　　　　　　　　　　　　　……………………

(3) 下線部(b)に関して，A・B・Cが受け取る配当額はいくらになるか，最も適切なものを一つ選びなさい。

　　ア．Aが1,000万円，Bが1,000万円，Cが1,000万円

　　イ．Aが1,000万円，Bが2,000万円，Cが0円

　　ウ．Aが500万円，Bが1,000万円，Cが1,500万円　　　　　　　　　……………………

問2　AはBから3,000万円を借り入れ，BはAが所有する建物に抵当権を設定した。その後，Cによって建物が全焼してしまったさい，Aに対して保険会社から保険金3,000万円が支払われた。このとき一定の条件のもとにBはその保険金を差し押さえることができる。これは担保物権のどのような性質にもとづいて認められているのか，次のなかから適切なものを一つ選びなさい。

　　ア．付従性　　イ．随伴性　　ウ．物上代位性　　　　　　　　　　　　……………………

発展問題

問　次の事例について，Dが受ける弁済金額として，最も適切なものを解答群から一つ選び，記号を記入しなさい。　　　　　　　　　　　　　　（商業経済検定第6回一部修正）

　Aは店の開業資金の不足分としてBから500万円を借りた。さらに追加投資が必要になったため，Cから300万円，Dから200万円を借りた。そのうち店が経営不振となり，弁済不能となった。このときのAの財産は200万円しかなかった。

【解答群】

　　ア．200万円　　イ．80万円　　ウ．40万円　　　　　　　　　　　　……………………

企業活動における契約

▶▶▶4　債権の管理と回収④

- - - 【学習の要点】 -

留置権	他人の物を占有している者が，その物に関して生じた債権の弁済を受けるまで，その物を債務者に引き渡さないで，自分の手元にとどめておくことができる権利
先取特権	公平などの見地から，特定の種類の債権者が，優先して弁済を受ける権利

基本問題

問1　次の(1)〜(5)について，下線部が正しいときは○を記入し，誤っているときは解答群から正しいものを選び記号で答えなさい。

(1)　他人の物を占有している者が，その物に関して生じた債権の弁済を受けるまで，その物を債務者に引き渡さないで，自分の手元にとどめておくことができる権利を<u>先取特権</u>という。

(2)　債務者または第三者が，債権の担保として債権者に引き渡した物（質物）を，債務の弁済があるまで債権者が占有し，弁済期がきても弁済されない場合には，質物を競売にかけ，その代金から優先弁済を受けることができる権利を<u>留置権</u>という。

(3)　公平などの見地から，特定の種類の債権者に，法律が優先して弁済を受ける権利を与えているものを<u>先取特権</u>という。

(4)　弁済期前に，債務者が弁済期に債務を弁済しないときは，質物を質権者の所有にするといった契約をすることは禁止されている。この契約を<u>債権質</u>という。

(5)　Aから資金をBが借りるときに，Bの債務を担保するために第三者のCが質物をAに引き渡すことがある。このときの第三者Cを<u>物上保証人</u>という。

【解答群】

ア．質権設定者　イ．先取特権　ウ．留置権　エ．質権　オ．流質契約

(1)	(2)	(3)	(4)	(5)
....	....	....	....	....

問2　次の文章で正しいものには○を，間違っているものには×をつけなさい。

(1)　自動車を修理した場合，修理代金の支払いを受けるまで，修理業者は修理した自動車の引渡しを拒むことができる。　　　　　　　　　　　　　　　　　　　　　　（　　　）

(2)　労務を提供したものの給料その他の債権は，雇用主の全財産からほかの債権に優先して弁

済を受ける権利がある。 （　　　）

(3) 法律で譲渡が禁止されている年金を受給する債権であっても質入れすることができる。
（　　　）

(4) 動産質権者は，継続して質物を占有しなければ質権を第三者に対抗できないとされている。
（　　　）

(5) 営業許可を受けた質屋が取得した質権，商行為から生じた債権を担保するための質権については，流質契約を結ぶことが許されている。
（　　　）

問3　次の文章を読み，問いに答えなさい。

　Aから100万円を借りるため，Bが自己所有のダイヤの指輪を担保としてAに引き渡し，Aはそのダイヤに質権を設定した。Aはダイヤの指輪を預かっておくことによってBの返済を促すとともに，期日にBが返済できなければ，このダイヤの指輪を　①　に出して優先弁済を受けることができる。このときBの債務を担保するため，第三者Cが質物を提供してもよく，その場合の第三者Cを　②　という。

(1)　①　にあてはまる語句を漢字2文字で記入しなさい。　..

(2)　②　にあてはまる語句を漢字5文字で記入しなさい。　..

発展問題

問1　質権について，次のなかから最も適切なものを一つ選びなさい。

（商業経済検定第7回一部修正）

ア．民法では流質契約は認められていないが，商法では認められている。

イ．民法では流質契約は認められているが，商法では認められていない。

ウ．民法でも商法でも流質契約は認められていない。　....................

問2　AはBから500万円の借り入れをし，小売店を開業した。最初は順調であったが，そのうちに営業不振となり倒産し，Aの財産は，150万円で競売された。倒産時，店員の1か月の給料20万円が未払いとなっていたような場合，次のなかから正しいものを一つ選びなさい。

（商業経済検定第5回一部修正）

ア．店員は競売代金から優先的に20万円を受け取ることができる。

イ．店員は，AがBからの借入金500万円を返済した後でなければ給料を受け取れない。

ウ．店員は，20万円と500万円とで按分した金額の支払いを受け取ることができる。
....

第2節　企業活動における契約

▶▶4　債権の管理と回収⑤

> 基本問題

問1　次の(1)～(5)について，下線部が正しいときは○を記入し，誤っているときは解答群から正しいものを選び記号で答えなさい。

(1)　債権者が，抵当権をもっていることを第三者に対抗するためには，<u>登記</u>をしなければならない。

(2)　抵当権は，担保の目的物が，不動産および<u>債権</u>に限られている。

(3)　一番の抵当権を有する債権者に債務が弁済されると，一番抵当は当然に消滅し，二番抵当が一番抵当に繰り上がる。これを<u>順位上昇の原則</u>という。

(4)　同一の債権を担保するため，数個の不動産に抵当権を設定することを<u>同時配当</u>という。

(5)　抵当権によって担保される被担保債権の範囲は，ほかの債権者を保護するため，質権と比べて大きく制限され，利息その他の定期金は満期となった最後の<u>3年分</u>に限られる。

【解答群】

ア．2年分　　イ．順位上昇の原則　　ウ．占有　　エ．共同抵当　　オ．不動産物権

(1)	(2)	(3)	(4)	(5)
………	………	………	………	………

問2　次の文章で正しいものには○を，間違っているものには×をつけなさい。

(1)　抵当権の登記は，不動産登記簿の権利部の甲区に記載される。　　　　　（　　　）

(2)　不動産の構成部分になった付合物は付加一体物にあたり，抵当権設定後の物であっても抵当権の効力が及ぶ。　　　　　　　　　　　　　　　　　　　　　　　　（　　　）

(3)　地上権者が植栽した樹木など，他人が権原にもとづいて附属させた付加物にも抵当権の効力が及ぶ。　　　　　　　　　　　　　　　　　　　　　　　　　　　　　　（　　　）

(4)　共同抵当は，担保価値を減少させ，抵当目的物の滅失・損傷などの危険を分散させる。

（　　　）

(5)　抵当権は優先弁済的効力を有することから，目的物の売却・賃貸・滅失・損傷などにより債務者が受け取る金銭その他の物に対しても，権利を行使することができる。　（　　　）

> 応用問題

問　次の文章を読んで，問いに答えなさい。

小売店を営む X は，店舗設備を更新するために A から 2,000 万円を借り入れ，時価 3,000 万円相当の土地に抵当権を設定した。最初に抵当権を設定したので，この抵当権を ① ということもある。ついで，建物の修繕のために B から 800 万円を借り入れ，その土地に抵当権を設定し，さらに資金繰りが苦しくなってきたので C から 500 万円を借り入れて抵当権を設定した。

その後，X の経営状況がさらに悪化し，経営が破綻した。抵当権が設定された土地は競売にかけられ，代金は 3,000 万円だった。

(1) 文中の ① にあてはまる用語を漢字 4 文字で答えなさい。 ....

(2) 下線部について，A・B・C の弁済額はそれぞれいくらになるか，最も適切な組み合わせを一つ選びなさい。

　ア．A1,000 万円・B1,000 万円・C1,000 万円　　イ．A2,000 万円・B800 万円・C200 万円

　ウ．A1,818 万円・B727 万円・C455 万円 ....

(3) ここで X が A に対して，年利率 5 ％で 2,000 万円を借り入れ，3 年間にわたり利息を支払っていなかったとき，総額でいくらの配当を受けることができるか，次のなかから最も適切なものを一つ選びなさい。

　ア．2,300 万円　　イ．2,200 万円　　ウ．2,100 万円 ....

発展問題

問　次の文章を読み，問いに答えなさい。 （商業経済検定第 19 回一部修正）

　企業を経営する A は，運転資金にするため，(a)B 銀行から 1,300 万円，叔父 C から 1,100 万円，知人 D から 1,000 万円を借り入れた。借入れに際し，自己所有の土地に B 銀行を 1 番抵当，叔父 C を 2 番抵当，知人 D を 3 番抵当とする抵当権を設定し登記もおこなった。

　1 年後，A は事業に失敗し，借金の返済ができなくなってしまったことから，(b)最後の財産である A の土地に対し債権者により抵当権が行使され，競売によって 3,000 万円で E に売却された。

(1) 抵当権の特徴の説明として，最も適切なものを一つ選んで記入しなさい。

　ア．A は抵当権を設定すると自己所有の土地を使用できなくなる。

　イ．B 銀行や叔父 C，知人 D は抵当権を登記しないと第三者に対抗できない。

　ウ．B 銀行や叔父 C，知人 D は債権者平等の原則によって債権を回収できる。 ....

(2) 下線部(a)と下線部(b)から B 銀行や叔父 C，知人 D は，それぞれいくら弁済を受けられるか，次のなかから正しい組み合わせを一つ選びなさい。

　ア．B 銀行：1,300 万円・叔父 C：1,100 万円・知人 D：600 万円

　イ．B 銀行：1,000 万円・叔父 C：1,000 万円・知人 D：1,000 万円

　ウ．B 銀行：900 万円・叔父 C：1,100 万円・知人 D：1,000 万円 ....

第**2**節　**企業活動における契約**

▶▶▶4　債権の管理と回収⑥

- - -【学習の要点】- -

- 一定の継続的取引から生じる不特定多数の債権を，付従性・随伴性を否定して，あらかじめ定めた限度額（**極度額**）まで，ひとまとめにして担保するという抵当権を**根抵当権**という。

▎基本問題

問　次の(1)〜(5)について，下線部が正しいときは○を記入し，誤っているときは解答群から正しいものを選び記号で答えなさい。

(1)　抵当権者は，抵当権をほかの債権の担保とすることができ，これを<u>根抵当</u>という。

(2)　抵当権をもつ債権者は，債務者が債務を弁済しないとき，裁判所に抵当不動産の競売を請求し，競売代金から優先弁済を受けることができる。これを<u>抵当権の実行</u>という。

(3)　抵当不動産について所有権または地上権を買い受けた第三者が，抵当権者の請求に応じてその代価を弁済したときは，その第三者のために抵当権は消滅する。これを<u>時効</u>という。

(4)　抵当不動産の買主は，その売買代金または特に指定した金額を書面で抵当権者に提示して，抵当権の消滅を請求できる。これを<u>抵当権消滅請求</u>という。

(5)　一定の継続的取引から生じる不特定多数の債権を，付従性・随伴性を否定して，あらかじめ定めた額まで，ひとまとめにして担保するという抵当権が設定されることがある。これを<u>普通抵当権</u>という。

【解答群】

　ア．根抵当権　　　イ．代価弁済　　　ウ．強制管理　　　エ．転抵当　　　オ．抵当権の譲渡

(1)	(2)	(3)	(4)	(5)

▎応用問題

問1　次の文章を読み，問いに答えなさい。

　Aは土地とその土地に建物を建てて，所有していた。その後，AはBから資金を借り入れて，担保として建物に抵当権を設定した。AはBに借り入れた資金を返済しなかったので，Bは抵当権を実行し，競売の結果，Cがその建物を買い受けた。

原則としては，Cはその土地を利用する権利がないと考えられる。したがって，Cは買い受けた建物を撤去しなければならないということになりそうである。しかし，こうした原則を貫くと，誰も建物を買い受けなくなるし，担保価値も下がってしまう。そこで，もともと同一人物が所有していた土地と建物が，抵当権の実行によって異なる人間が所有することになった場合，□①□が発生するというしくみが用意されている。

このとき抵当権設定後に建物を賃借したDが存在した場合，DはCに賃借権を対抗できず，明け渡さなければならないが，競売による買受けの時から□②□か月の明渡し猶予期間が与えられている。

(1)　文中の□①□にあてはまる語句を，漢字5文字で記入しなさい。

(2)　文中の□②□にあてはまる数字として，最も適切なものを次のなかから一つ選びなさい。

　　ア．3　　イ．6　　ウ．9

問2　次の文章を読み，問いに答えなさい。

AはB銀行と継続的に取引をしている。毎年4月に商品の仕入代金として400万円を借りて，その担保として土地に抵当権を設定し，9月に全額を弁済して，再び翌年に400万円を借りて，抵当権を設定していた。しかし，これを繰り返していると登記の手数料や手間が負担になってきたので，金融取引から生じるすべての債権を範囲とし，(a)借り入れた金額を弁済しても抵当権が消滅せず，(b)あらかじめ定めた限度額まで，ひとまとめにして担保するという抵当権を設定した。

(1)　下線部(a)の説明として，最も適切なものを次のなかから一つ選びなさい。

　　ア．抵当権の付従性の否定である。　　　イ．抵当権の随伴性の否定である。

　　ウ．抵当権の物上代位性の否定である。

(2)　下線部(b)を何というか，漢字3文字で記入しなさい。

発展問題

問　次の文章を読み，下線部によってBにどのような効力が発生するか，最も適切な ものを一つ選びなさい。

（商業経済検定第28回一部修正）

Bから資金を借り入れるために，Aは自宅の建物に抵当権を設定する契約を結ぶことにした。

　　ア．自宅の建物のなかにある家具や家電製品などの財産の所有権を，Aが使用したままBに譲渡することによって，債権の担保とすることができる。

　　イ．自宅の建物の財産価値が，Bを含む複数の債権者の債権の合計額より少ない場合，それぞれの債権額に比例して全員が弁済を受けることができる。

　　ウ．自宅の建物をAが占有したまま債権の担保とし，Aが弁済期に弁済しない場合に，Bがその建物を競売して得た代金から他の債権者に優先して弁済を受けることができる。

企業活動における契約

▶▶▶ 4 債権の管理と回収⑦

----【学習の要点】----

譲渡担保	債務者が動産の所有権を担保として債権者に移し，その動産を債権者から借りて使用するという方法

基本問題

問 次の(1)〜(12)について，下線部が正しいときは〇を記入し，誤っているときは解答群から正しいものを選び記号で答えなさい。

(1) 質権は，目的物が不動産でも動産でもよいが，目的物を質権者に引き渡さなければならない。　　　　　　　　　　　　　　　　　　　　　　　　　　　　　　（　　　）

(2) 抵当権は，目的物を抵当権者に引き渡さなくてもよく，目的物は不動産でも動産でもよい。　　　　　　　　　　　　　　　　　　　　　　　　　　　　　　（　　　）

(3) 譲渡担保では，債務者が動産の所有権を担保として債権者に移し，その動産を債権者から借りて債務者が使用するという方法がとられる。　　　　　　　　　　　（　　　）

(4) 動産の譲渡担保の場合，形式的な所有権の移動に過ぎないので，債権者は目的物の所有権を第三者に主張することができない。　　　　　　　　　　　　　　　（　　　）

(5) 譲渡担保において，債務者が支払う賃料は，実質的には利息に相当し，弁済期に債務を弁済すれば，目的物の所有権は債務者に戻される。　　　　　　　　　（　　　）

(6) 譲渡担保において，債務が履行されないときは，債権者が目的物の所有権を確定的に取得する。このとき目的物の評価額が債権額を上回る場合であっても，その差額は債権者にそのまま帰属する。　　　　　　　　　　　　　　　　　　　（　　　）

(7) 動産の占有を移転せずに担保にする方法として，譲渡担保は利用価値が高いが，株券・社債券・不動産などは譲渡担保の目的物にすることはできない。　　　（　　　）

(8) 商品売買をするさい，買主が代金の全額を支払うまで，その商品の所有権を売主に留保することで代金債権を担保する方法を所有権留保という。　　　　　　（　　　）

(9) 近年の割賦販売では，信販会社などによる融資が増えているが，その場合でも信販会社ではなく売主に所有権が留保される。　　　　　　　　　　　　　　　（　　　）

(10) 債務が弁済されないときは，目的不動産を代物弁済として債権者に移転するという契約を停止条件付代物弁済契約という。　　　　　　　　　　　　　　　　（　　　）

⑾　仮登記担保では，競売による換価手続を省略することができない。　　　（　　　）

⑿　仮登記担保において，目的不動産の価額が債権額を上回っても，その差額は債権者のもの
　　となる。　　　　　　　　　　　　　　　　　　　　　　　　　　　　　　　　（　　　）

応用問題

問　次の文章を読み，問いに答えなさい。

　小売店を経営している A は，設備投資をおこなうにあたって，資金が 1,000 万円不足したた
め，所有していた時価 2,000 万円を担保にして知人 B から 1,000 万円を借り入れることにした。
このとき A は知人 B の承諾を得て所有している土地に　①　を結び，もし支払期日に 1,000 万
円を弁済できなかったときは，その土地の所有権を知人 B に譲渡することにした。このとき，
将来の所有権移転請求権を保全するために，　②　をおこなった。

　しかし，その後も A の経営する小売店の事業は経営不振が続き，支払期日をむかえた際には
事実上，経営が破綻した。そこで，B は　③　。

(1)　　①　にあてはまる語句として，最も適切なものを一つ選び記入しなさい。

　　ア．解除条件付代物弁済契約　　　イ．停止条件付代物弁済契約　　　ウ．譲渡担保契約

　　　　　　　　　　　　　　　　　　　　　　　　　　　　　　　　　　　　　……………………

(2)　　②　にあてはまる語句として，最も適切なものを一つ選び記入しなさい。

　　ア．本登記　　　イ．仮登記　　　ウ．移転登記

　　　　　　　　　　　　　　　　　　　　　　　　　　　　　　　　　　　　　……………………

(3)　　③　にあてはまる語句として，最も適切なものを一つ選び記入しなさい。

　　ア．土地の所有権が A から B に移転するので，本登記をした。

　　イ．法律にしたがって，競売による換価手続をおこなった。

　　ウ．土地の所有権が A から B に移転し，B は A に本登記するように請求した。

　　　　　　　　　　　　　　　　　　　　　　　　　　　　　　　　　　　　　……………………

発展問題

問1　次の文章の空欄にあてはまる語句を漢字 3 文字で答えなさい。

（商業経済検定第 8 回一部修正）

　割賦販売では，買い主が代金の全額を支払うまでは，信販会社に　　　　を留保しておくこと
で，代金債権を担保していることが多い。

　　　　　　　　　　　　　　　　　　　　　　　　　　　　　　　　　　………………………

問2　譲渡担保について，次のなかから最も適切なものを一つ選びなさい。

（商業経済検定第 5 回一部修正）

　　ア．民法に規定されている担保方法である。

　　イ．仮登記担保契約に関する法律に規定されている担保方法である。

　　ウ．判例によって担保物権として認められた方法である。

　　　　　　　　　　　　　　　　　　　　　　　　　　　　　　　　　　……………………

第 **2** 節　**企業活動における契約**

▶▶▶ **4** 債権の管理と回収⑧

| 基本問題 |

問　次の(1)〜(13)について，下線部が正しいときは〇を記入し，誤っているときは解答群から正しいものを選び記号で答えなさい。

(1)　担保物権は，その設定や実行の手続が容易で，費用もかからないため，迅速な取引に適している。　　　　　　　　　　　　　　　　　　　　　　　　　　　　　　　（　　　）

(2)　人的担保には，保証・連帯保証・連帯債務という３種類のものがあり，債務者が物的担保を提供できない場合はもちろんのこと，物的担保を設定している場合でも，それとあわせて広く利用されている。　　　　　　　　　　　　　　　　　　　　　　　　　　（　　　）

(3)　保証債務において，本来の債務者を特に保証人といい，保証債務を負っている第三者を主たる債務者という。　　　　　　　　　　　　　　　　　　　　　　　　　　　　　（　　　）

(4)　主たる債務は，保証債務より重い内容であってはならない。　　　　　　　（　　　）

(5)　主たる債務が無効・取消しなどの原因によって成立しないときには，保証債務も成立しない。　　　　　　　　　　　　　　　　　　　　　　　　　　　　　　　　　　（　　　）

(6)　主たる債務が弁済によって消滅しても，保証債務が消滅しないことがある。　（　　　）

(7)　主たる債務者に対する債権が譲渡されると，保証人に対する債権もこれにともなって移転する。　　　　　　　　　　　　　　　　　　　　　　　　　　　　　　　　　　（　　　）

(8)　保証人は，主たる債務者が債務を履行しないとき，はじめて履行する責任を負う。これを保証債務の随伴性という。　　　　　　　　　　　　　　　　　　　　　　　　　（　　　）

(9)　債権者が主たる債務者に履行請求しないで，いきなり保証人に請求してきた場合は，保証人はその請求に応じざるを得ない。　　　　　　　　　　　　　　　　　　　　　（　　　）

(10)　主たる債務者に履行請求した後に，保証人に請求してきたときでも，主たる債務者に弁済の資力があって，強制執行が容易であることを保証人が証明すれば，債権者は，主たる債務者の財産を強制執行した後でなければ，保証人に対して履行を請求することができない。これを検索の抗弁権という。　　　　　　　　　　　　　　　　　　　　　　　　（　　　）

(11)　主たる債務者が弁済しなければ，最終的には保証人が弁済しなければならない。（　　　）

(12)　主たる債務者にかわって保証人が債務を履行したときは，保証人は主たる債務者に対して，自分が弁済した金銭などについて償還するよう請求することができる。　　（　　　）

(13)　数人の保証人がある場合を連帯保証といい，債務額は保証人の数に応じて分割される。

応用問題

問　次の文章の空欄にあてはまる語句として，最も適切なものを解答群のなかから一つ選び，記号を答えなさい。

　保証債務は主たる債務の存在を前提にしているので，主たる債務が成立しなかったり，主たる債務が弁済によって消滅したりすれば，その影響を受ける性質をもつ。これを保証債務の□□□□という。

【解答群】

　ア．付従性　　イ．随伴性　　ウ．補充性

　　　　　　　　　　　　　　　　　　　　　　　　　　　　　　　　　　　　　．．．．．．．．．．．．．．．．．．．

発展問題

問1　次の文章を読み，下線部に関して，保証債務の場合，CがAから請求されたとき，Cが最初にとるべき手段はどれか，最も適切なものを一つ選びなさい。

（商業経済検定第2回一部修正）

　人的担保には，保証債務，連帯保証債務，連帯債務の三種類がある。債務者に財産がある場合でも，さらに，この制度を利用すれば債権の取り立ては，より確実なものとなる。たとえば，AはBに200万円を貸す場合，Cを債務者Bの保証人としたとすれば，Bが返済できないとき，Aは保証人Cにたいして200万円を支払うように請求することができる。

　ア．Aの請求にたいして，Cはただちに弁済しなければならない。

　イ．Aの請求にたいして，Cはまず債務者Bに催告するように請求する。

　ウ．Aの請求にたいして，Cはまず債務者Bに連絡するように請求する。

　　　　　　　　　　　　　　　　　　　　　　　　　　　　　　　　　　　　　．．．．．．．．．．．．．．．．．．．

問2　検索の抗弁権の説明として，次のなかから最も適切なものを一つ選びなさい。

（商業経済検定第36回一部修正）

　ア．債務者が返済しない場合に，保証人は債務者に強制執行しやすい財産があることを債権者に証明して，債務者の財産に対して強制執行をせよと主張できる権利のこと。

　イ．債務者が返済しない場合に，保証人は債務者とともに債務の履行をし，その後，保証人が支払った費用を債務者に返済させることを主張できる権利のこと。

　ウ．債務者が返済しない場合に，保証人が債務者に代わって債務の履行をし，その後，保証人が支払った費用を債務者に返済させることを主張できる権利のこと。

　　　　　　　　　　　　　　　　　　　　　　　　　　　　　　　　　　　　　．．．．．．．．．．．．．．．．．．．

企業活動における契約

▶▶4　債権の管理と回収⑨

| 基本問題 |

問1　次の文章の空欄にあてはまる語句を解答群の中から一つずつ選び，記号を記入しなさい。

⑴　保証人が，主たる債務者と連帯して債務を負担することを，（　①　）という。

⑵　A・B・Cの3人が，連名でXから90万円を借り入れたという場合，別段の意思表示がなければ，3人が均等に分割して借り入れたものとみなされる。これを（　②　）という。

⑶　A・B・Cの3人がいずれも債務の全額について弁済の義務を負うという合意をしている場合，これを（　③　）という。このときA・B・CのうちのAが債務の全額を弁済すれば，BとCの債務も消滅する。このときAは，BとCに対して，負担部分に応じて償還するように請求する権利をもつ。この権利を（　④　）という。

⑷　連帯債務者の1人と債権者との間に生じた事由は，債権者およびほかの連帯債務者の1人が別段の意思を表示したときに限り，その連帯債務者に対して，その意思に従った効力を生じるが，原則としてほかの連帯債務者に対しては，その効力を生じない。これを（　⑤　）の原則という。

【解答群】

ア．分割債務　　イ．連帯債務　　ウ．相対的効力　　エ．連帯保証　　オ．求償権

①.................．②.................．③.................．④.................．⑤.................．

問2　次の⑴〜⑺について，下線部が正しいときは○を記入し，誤っているときは解答群から正しいものを選び記号で答えなさい。

⑴　連帯保証人は，普通の保証人の場合と違い，催告の抗弁権や検索の抗弁権をもたないが，分別の利益は有する。　　　　　　　　　　　　　　　　　　　　　（　　　）

⑵　主たる債務者の債務が，商行為によって生じたものであるとき，または保証が商行為であるときは，その保証人は，法律上当然に連帯保証人として扱われる。　　（　　　）

⑶　連帯債務者相互間の負担部分は，特約や特別の事情がない限り，各債務者で平等とされる。　　　　　　　　　　　　　　　　　　　　　　　　　　　　　　　（　　　）

⑷　連帯債務は，保証債務と違って，それぞれの債務者の間に主従の区別がないから，連帯債務者の1人について契約の無効や取消しの原因があっても，ほかの債務者の債務は影響を受けない。　　　　　　　　　　　　　　　　　　　　　　　　　　　　　　（　　　）

(5) 連帯債務者の1人と債権者との間に更改があったときは，債権は，すべての債務者の利益のために消滅する。　　　　　　　　　　　　　　　　　　　　（　　　）

(6) 連帯債務者の1人が債権者に対して債権を有する場合，その連帯債務者が相殺を援用したとき，ほかの債務者の債務は影響を受けない。　　　　　　　　　　　（　　　）

(7) 連帯債務者の1人と債権者との間に相殺の援用があったときは，債権はすべての債務者の利益のために消滅する。　　　　　　　　　　　　　　　　　　　　（　　　）

発展問題

問1　連帯保証人の説明として，最も適切なものを一つ選びなさい。

（商業経済検定第29回一部修正）

ア．主たる債務者が債務を履行しない場合に，債務者に代わって，債務を履行する義務を負う。なお，催告の抗弁権や検索の抗弁権をもつ。

イ．主たる債務者と並んで債務を負う。つまり，催告の抗弁権や検索の抗弁権はもたないため，債権者から主たる債務者と同じように債務の履行を請求される。

ウ．複数の債務者が，それぞれ債務全体について履行の責任を負う。ただし，債務者相互の間には，一定の負担部分が決められている。　　　　　　　　　　　　　　……………………

問2　次の文章を読んで，問いに答えなさい。　　　　（商業経済検定第34回一部修正）

A，B，Cはキャンプ仲間で，共同でキャンピングカーの購入を考えていた。3人がそれぞれお金を出しあい，足りない金額300万円は，古くからつき合いのある共通の知人のDから借りることにした。条件としては，(a)300万円を3人が連名で，A・B・Cの誰にでも300万円ずつ請求できるという，3人に対してそれぞれ債務全体について履行の責任を負わされる契約であること，また1年後に返済することであった。Aは1年後，まとまったお金が入り，Dに300万円の債務を弁済することができた。(b)弁済したAは，ほかの債務者であるBとCに100万円ずつの負担部分を支払うように請求をする権利をもっている。その後，Aは，BとCからそれぞれ100万円を支払ってもらい，無事回収することができた。

(1) 下線部(a)のようなA，B，C3人の債務を何というか，次のなかから適切なものを一つ選びなさい。

ア．連帯債務　　　イ．保証債務　　　ウ．連帯保証債務　　　　　　　……………………

(2) 本文の主旨から，下線部(b)のような権利を何というか，漢字3文字で答えなさい。

……………………

第**2**節　**企業活動における契約**

▶▶5　債権の消滅①

- - -【学習の要点】- -

| 弁済 | 契約で定めたとおりに，債務者が債務の本来の趣旨（本旨）に従った給付を履行すること |

基本問題

問1　次の文章の空欄にあてはまる語句を解答群の中から一つずつ選び，記号を記入しなさい。

(1)　債務者が債務の本来の趣旨（本旨）に従った給付を履行することを（　①　）という。

(2)　債権者があらかじめその受領を拒み，または債務の履行について債権者の行為を要するときは，弁済の準備をしたことを通知して，その受領の催告をすればよい。これを（　②　）という。

(3)　特定物の引渡しは債権発生の時にその物が存在した場所で，その他の弁済は債権者の現在の住所でしなければならない。後者を（　③　）という。

(4)　債権者と債務者が合意すれば，借金の弁済の代わりに一定の物を引き渡して債務を消滅させることもできる。これを（　④　）という。

(5)　債務者が弁済しようとしても，債権者がその受領を拒み，または受領することができないときは，債務者は弁済の目的物を供託所に預けて債権を消滅させることができる。これを（　⑤　）という。

【解答群】

　　ア．代物弁済　　　イ．弁済　　　ウ．口頭の提供　　　エ．供託　　　オ．持参債務

　　　　　　　　　　　①　　　　　②　　　　　③　　　　　④　　　　　⑤

問2　次の文章で正しいものには○を，間違っているものには×をつけなさい。

(1)　第三者は債務を弁済することができない。　　　　　　　　　　　　　　　　　（　　　）

(2)　債権者も忙しいので，債務者が弁済したからといって，受取証書を請求できるわけではない。　　　　　　　　　　　　　　　　　　　　　　　　　　　　　　　　　　　　（　　　）

(3)　債務者のために弁済をした者は，債権者に代位し，債権の効力および担保としてその債権者が有していた一切の権利を行使することができる。これを弁済による代位という。

　　　　　　　　　　　　　　　　　　　　　　　　　　　　　　　　　　　　　　（　　　）

(4) 取引上の社会通念に照らして受領権者としての外観を有する者（表見受領権者）に対してした弁済は，その弁済をした者が悪意であっても，弁済としての効力を有する。　（　　　）

(5) 弁済の提供をしようとする債務者は，債務の本旨に従って現実にしなければならない。これを持参債務という。　（　　　）

(6) 債務の性質が第三者の弁済を許さないときや，当事者が第三者の弁済を禁止し，もしくは制限する旨の意思表示をしたときは，第三者の弁済はできない。　（　　　）

応用問題

問1　次の文章を読み，問いに答えなさい。

　大学生のAは，Bから老朽化したアパートの一室を借りて通学している。一月あたりの家賃は35,000円で，毎月月末には，(a)家主のBの住所で支払っていた。しかし，そのアパートは一等地に立地しており，Bとしてはアパートを取り壊して，高級マンションを建てたいと考えるようになった。そこでBはAに立ち退きを要求したが，Aはこれに応じない。そこで，Bは毎月の家賃を35,000円から70,000円に増額する旨をAに通知した。Aとしてはこの値上げに納得できないので，Bの住所を訪れて35,000円を支払おうとしたが，「それでは少ない」と言われて受領を拒否された。そこで，Aは(b)法務局，地方法務局およびその支局に，35,000円を預けて，家賃を支払ったことにした。

(1) 下線部(a)のように，債権者の住所で弁済をおこなう債務を何というか，次のなかから最も適切なものを一つ選びなさい。

　　ア．保証債務　　イ．持参債務　　ウ．連帯債務　　　　　　　　　.....................

(2) 下線部(b)のような方法で債権を消滅させることを何というか，次のなかから最も適切なものを一つ選びなさい。

　　ア．供託　　イ．代物弁済　　ウ．更改　　　　　　　　　　　.....................

問2　次の文章の空欄にあてはまる語句を漢字4文字で記入しなさい。

　AはBに3,000万円を借り入れていたが，支払期日になっても十分な現金を持ち合わせていなかった。そこで，AはBと話し合って，3,000万円の代わりにAが所有している土地の一部を譲渡することにした。このように債権の内容が異なる給付を債務者がおこない，債務を消滅させることを□□□□という。　　　　　　　　　.........................

第**2**節 **企業活動における契約**

▶▶5 債権の消滅②

- - -【学習の要点】- -

相殺	2人が互いに弁済期にある同種の債務を負っている場合に，相互の債務の対当額を，当事者の一方の意思表示で消滅させること
更改	当事者が合意によって1つの債務を消滅させ，代わりに別の債務を成立させること

┃ 基本問題

問1　次の文章の空欄にあてはまる語句を解答群の中から一つずつ選び，記号を記入しなさい。

⑴　2人が互いに弁済期にある同種の債務を負っている場合に，相互の債務の対当額を，当事者の一方の意思表示で消滅させることを（　①　）という。

⑵　当事者が合意によって1つの債務を消滅させ，代わりに別の債務を成立させることを（　②　）という。

⑶　債権者が債務者に対して，一方的に，無償で債権を消滅させるという意思を（　③　）という。

⑷　債権と債務が同一の人に帰属した場合を（　④　）といい，その債権・債務は消滅する。

⑸　当事者間に相対立する債権が存在すること，両債務が同種の目的を有すること，両債務が弁済期にあること，両債務が性質上相殺を許さないものでないことを（　⑤　）という。

【解答群】

ア．混同　　イ．免除　　ウ．相殺適状　　エ．更改　　オ．相殺

①………………　②………………　③………………　④………………　⑤………………

問2　次の文章で正しいものには○を，間違っているものには×をつけなさい。

⑴　相殺するほうの債権を受働債権，相殺されるほうの債権を自働債権という。　　（　　）

⑵　相殺は，当事者の一方から相手方に対する意思表示によっておこなう。　　（　　）

⑶　相殺は，当事者の一方が意思を表示した時点で，対等額で消滅し，相殺適状が生じた時点にさかのぼって消滅するわけではない。　　（　　）

⑷　自働債権が時効消滅した場合，消滅前に相殺適状にあったとしても，相殺することはできない。　　（　　）

問1　次の文章を読み，問いに答えなさい。

　小売業者Aは卸売業者Bに対して商品仕入に関する借金80万円を負っている。また，卸売業者Bもまた小売業者Aに対して，借金50万円を負っていた。

(1) AとBのそれぞれの代金債務について，最も適切なものを一つ選びなさい。

　ア．AのBに対する借金の弁済期は到来していたが，BのAに対する借金の弁済期は到来していなかった。その場合でも一方の意思表示によって相殺することができる。

　イ．相殺後はAのBに対する30万円の借金が残るだけになる。

　ウ．AのBに対する債権が時効消滅した場合には，いかなる理由があっても相殺はできない。 ....

(2) Aの債務の弁済期が4月末日，Bの債務の弁済期が5月末日のとき，最も適切なものを一つ選びなさい。

　ア．4月末日の段階でAの債務の弁済期が到来したので，Aは相殺の意思表示ができる。

　イ．3月末日の段階ではAとBの債務の弁済期が両方とも到来していないが，Aの意思表示による相殺は許される。

　ウ．5月末日の段階ではAとBの債務の弁済期が両方とも到来しているので，相殺によって双方の債務を対当額である50万円分を消滅させることができる。 ....

問2　次の文章の空欄にあてはまる語句を，漢字2文字で記入しなさい。

　債務の内容を変更するために，新しい債務を成立させて，古い債務を消滅させることを □□□ という。 ....

問　混同の具体例として，次のなかから適切なものを一つ選びなさい。

（商業経済検定第36回一部修正）

　ア．債権者と債務者の合意で，30万円の自動車を引き渡して，それで本来の30万円の債務が消滅したものとすること。

　イ．親から50万円を借り入れた子どもが，親の死亡によってその債権を相続した場合のように，債権と債務が同一人に帰属して，親の債権と子どもの債務が消滅すること。

　ウ．100万円の手形債務がある場合に，その手形の代わりに101万円の新手形と交換して支払期日を延ばすというような，新手形債務によって旧手形債務を消滅させること。 ....

企業活動における契約

第**2**節

▶▶6 契約外の権利義務の変動①

- - - 【学習の要点】 -

時効の援用・放棄	時効は，利益を受ける当事者がそれを主張（援用）しない限り，裁判所は取り上げない。また，時効の利益は放棄することもできるが，時効完成前にあらかじめ放棄することは認められない。
時効の完成猶予	時効の完成間近に，権利行使が不可能または著しく困難な事情があるときには，一定期間，時効の完成が猶予される。
時効の更新	時効は，ある事実状態が一定期間継続することを必要とするから，継続を妨げるような事情がある場合には，そのときから改めて時効の期間を計算する。

基本問題

問1　次の文章の空欄にあてはまる語句を解答群の中から一つずつ選び，記号を記入しなさい。

(1) 権利を行使しないという事実状態が長く続いた場合には，権利を消滅させてしまうという制度がある。これを（　①　）の制度という。

(2) 一定の期間にわたり継続して権利を事実上行使する者に，その権利を取得させる制度を（　②　）の制度という。

(3) 時効には（　③　）があり，起算日に遡って効力を生じる。

(4) 時効は利益を受ける当事者がそれを（　④　）しない限り，裁判所は取り上げない。

(5) 時効の完成間近に，権利行使が不可能または著しく困難な事情があるときは，一定期間，時効の完成が猶予される。これを（　⑤　）という。

【解答群】

　ア．取得時効　　イ．時効の完成猶予　　ウ．援用　　エ．遡及効　　オ．消滅時効

①	②	③	④	⑤
....	....	....	....	....

問2　次の文章で正しいものには○を，間違っているものには×をつけなさい。

(1) 時効の利益は，時効完成前にあらかじめ放棄することができる。　　　　　　（　　　）

(2) 時効の援用・放棄は当事者間でのみ効力を生じる。　　　　　　　　　　　　（　　　）

(3) 時効の完成間近に，権利行使が不可能または著しく困難な事情があるときには，一定期間，時効の完成が猶予される。　　　　　　　　　　　　　　　　　　　　　（　　　）

(4) 時効期間満了の時にあたり，天災などの事変が生じ，裁判上の請求などの手続ができないときは，その障害が消滅した時から6か月経過するまで，時効完成が猶予される。（　　　）

(5) 裁判上の請求，支払督促などがある場合には，その事由が終了するまで，時効完成が猶予される。（　　　）

発展問題

問1　次の文章を読み，問いに答えなさい。　　　　　　　　　　　　（商業経済検定第30回一部修正）

Aは地元で高級料理店を経営している。ある日，出張でAの料理店にBが来店し，食事をした。しかし，Bは会計のときになって，代金が足りないことがわかった。代金は後払いにすることにして，AはBからの連絡を待つことにした。

しかし，請求をせずに1年が過ぎてもBから連絡がこないため，(a)権利を行使しないことによって，Bに代金を支払えと主張することができなくなる時効になるとAは思ったが，ある日，Bからの手紙が届き「本当にすみません。帰ってから数日後に病気になり，入院しています。もうしばらくの間，待ってください」と綴ってあった。Bとの代金のやりとりについては，(b)もし時効の期間が完成しても，Bが自発的に支払う場合，民法ではAは受け取ることができるのか，時効が適用されないのか。そのように，考えながらBが完治する日を待ち望んだ。

(1) 下線部(a)のような時効を何というか，漢字4文字で答えなさい。　　　　　　　　‥‥‥‥‥‥‥‥

(2) 下線部(b)の結論として，次のなかから正しいものを一つ選びなさい。

　ア．Bが自発的に支払う場合は時効が適用されず，Aは代金を受け取ることができる。

　イ．Bが自発的に支払う場合でも時効が適用され，Aは代金を受け取ることができない。

　ウ．Bが支払う意思の尊重と時効が適用され，Aは代金の半額を受け取ることができる。

　　　　　　　　　　　　　　　　　　　　　　　　　　　　　　　　　　　‥‥‥‥‥‥‥‥

問2　次の文章の下線部を何というか，最も適切なものを一つ選びなさい。

　　　　　　　　　　　　　　　　　　　　　　　　　　　　（商業経済検定第37回一部修正）

時効には，期間があるが，時効によって権利を得たり失ったりするには，一定の事実状態が続いていることが必要であり，その継続を妨げるような事情があれば，その時からあらためて時効の期間を計算することになる。例えば，飲食店で客のAが飲食代金を後払いにして，Aが支払わないまま半年が過ぎたとする。半年後に飲食店がAに未払いの代金を請求し，Aが「もう少し待ってください」と言った場合，その未払いの事実を認めた時点から再び未払い代金の時効期間がはじまることになる。

　　ア．時効の完成猶予　　　イ．時効の更新　　　ウ．時効の援用　　　　　　　　‥‥‥‥‥‥‥‥

第**2**節　企業活動における契約

▶▶6　契約外の権利義務の変動②

- - -【学習の要点】- -

消滅時効	権利を行使しない状態が一定期間継続する場合に，その権利を消滅させる制度
取得時効	一定の期間継続して権利を事実上行使する者に，その権利を取得させる制度

基本問題

問1　次の文章の空欄にあてはまる語句を解答群の中から一つずつ選び，記号を記入しなさい。ただし，同じ記号を何度用いてもよい。

⑴　契約に確定期限がある場合には，期限が到来すれば権利行使をできることを知った時となり，その日から時効が進行して（　①　）年で時効消滅する。

⑵　停止条件付債権は，条件成就の時から（　②　）年の消滅時効が進行し，債権者が条件成就を知った時から（　③　）年の消滅時効が進行して，そのいずれかが完成した時に債権は消滅する。

⑶　債権または所有権以外の財産権は，権利を行使することができる時から（　④　）年間行使しないと時効によって消滅する。

⑷　所有の意思をもって，平穏かつ公然に，他人の物を（　⑤　）年間継続して占有した者は，時効によってその物の所有権を獲得する。ただし，占有開始の時には善意・無過失であったとする。

【解答群】

　ア．3　　イ．5　　ウ．8　　エ．10　　オ．20

①……………　②……………　③……………　④……………　⑤……………

問2　次の⑴〜⑸のうち，条件にあてはまるものには A を，それ以外には B を記入しなさい。

【条件】消滅時効が 10 年間

⑴　人の生命または身体の侵害による損害賠償請求権の時効期間

⑵　債権の客観的起算点にもとづく時効期間

⑶　不法行為による損害賠償請求権

⑷　確定判決によって確定した権利の時効期間

(5) 所有権の消滅時効の期間

(1) ……………… (2) ……………… (3) ……………… (4) ……………… (5) ………………

問1　次の文章を読み，問いに答えなさい。 （商業経済検定第6回一部修正）

　時効の完成によって権利の取得を生じる場合を取得時効という。取得時効の対象となる権利には所有権などがある。また，時効の完成によって権利の喪失を生じる場合を　①　という。時効によって消滅する権利としては，地上権などのほかに　②　がある。

(1) 文中の　①　にあてはまる語句を漢字4文字で答えなさい。　……………………

(2) 文中の　②　にあてはまる語句として，最も適切なものを一つ選びなさい。

　ア．所有権　　イ．債権　　ウ．知的財産権　　……………………

(3) 下線部について，最も適切なものを一つ選んで記入しなさい。

　ア．取得時効は，占有者が善意でしかも過失がない場合は10年で完成する。

　イ．取得時効は，占有者が善意ではあるが過失がある場合には10年で完成する。

　ウ．取得時効は，占有者が悪意の場合には10年で完成する。　……………………

問2　次の文章を読み，問いに答えなさい。 （商業経済検定第37回一部修正）

　(a)権利を継続して事実上行使する者に，その権利を認めるという制度がある。例えば，BとCは隣りあって土地を所有しているとする。互いの土地の境界線は杭を打って示している。ある日，Cが測量したところ，Bが使用している土地の一部がCの土地であることが判明した。CはBに「あなたの土地の一部は私の土地です。私の土地を返してください」と言った。(b)Bはこの土地について，どのような扱いになるのか，民法を調べることにした。なおBは，15年間，何の疑いもなく平穏かつ公然とその土地を使用しており，善意無過失であるといえる。

(1) 下線部(a)を何というか，次のなかから正しいものを一つ選びなさい。

　ア．取得時効　　イ．消滅時効　　ウ．公訴時効　　……………………

(2) 本文の主旨から，下線部(b)の結論として，次のなかから適切なものを一つ選びなさい。

　ア．Bは善意無過失であり，平穏かつ公然と10年以上Cの土地の一部を使用していたが，
　　　もともとCの土地であり，この土地の所有権はBにあると主張することができない。

　イ．Bは善意無過失であり，平穏かつ公然と10年以上Cの土地の一部を使用していたため，
　　　時効の制度により，この土地の所有権はBにあると主張することができる。

　ウ．Bは善意無過失であり，平穏かつ公然と10年以上Cの土地の一部を使用していたが，
　　　20年の期間が必要なため，この土地の所有権はBにあると主張することができない。

　……………………

第2節 企業活動における契約

▶▶▶6 契約外の権利義務の変動③

- - -【学習の要点】- -

添付	・付合，混和…主たる物の所有者が全体の所有権を取得する。 ・加工…加工者が製作物の所有権を取得する。

| 基本問題

問1 次の文章の空欄にあてはまる語句を解答群の中から一つずつ選び，記号を記入しなさい。

(1) 所有権のない動産（無主物）を所有の意思をもって占有した者は，その所有権を取得する。これを（ ① ）という。

(2) 忘れ物や落し物などの（ ② ）を拾った者は，遺失者に返還するか，警察署長に提出しなければならない。

(3) 土地その他の物の中に外部からは容易に見つからないような状態で存在し，しかも現在何人の所有であるかわかりにくい物を（ ③ ）という。

(4) 所有者の異なる数個の物が結合して分離がむずかしくなった場合には，主たる物の所有者が全体の所有権を取得する。これを（ ④ ）という。

(5) 所有者の異なる米や石油などが混ざり合ったような場合を（ ⑤ ）という。

【解答群】

ア．埋蔵物　　イ．混和　　ウ．無主物先占　　エ．遺失物　　オ．付合

① ……………… ② ……………… ③ ……………… ④ ……………… ⑤ ………………

問2 次の文章で正しいものには○を，間違っているものには×をつけなさい。

(1) 野鳥の鳥や魚などの動物をとった場合や，他人が捨てた物を拾った場合など，所有者のいない動産を所有の意思をもって占有した者は，その所有権を取得する。 （　　　）

(2) 他人が飼育する雀，鳩，狸など，家畜以外の野生生物を捕獲した者は，他人の飼育するものだと知らなかったときは，1か月以内に飼主から返還請求を受けなければ所有権を取得することができる。 （　　　）

(3) ゴルファーがゴルフ場の人工池に打ち込み，放置したゴルフボールは無主物である。 （　　　）

(4) 所有者のいない不動産は，その不動産が存在する地方自治体に帰属する。 （　　　）

(5) 施設において遺失物を拾得した者は，その施設の施設占有者に交付しなければならない。

（　　　　）

(6) 遺失物を拾った者がそれを警察に届け出て，警察で公告してから3か月以内に所有者が現れなかったときは，拾った者がその所有権を取得する。

（　　　　）

(7) 建物の基礎工事をしていたところ地中から小判が出てきたというような場合，公告してから1年以内に所有者が現れなかったときは，発見者が所有権を取得する。

（　　　　）

(8) 他人所有の材料を加工した製作物が，材料価格より著しく高額である場合には，加工者が製作物の所有権を取得するが，材料の所有者に償金を支払わなければならない。

（　　　　）

▎発展問題

問1　次の文章を読み，下線部のことを何というか，最も適切なものを一つ選びなさい。

（商業経済検定第31回一部修正）

　Aは公園に捨てられていた犬を拾ってきた。Aに対して，親は次のように話した。「成人になってもAは優しいね。野生の鳥や魚を捕ったり，捨ててある物を拾ったりしたときと同じように，所有者のない捨てられた犬を占有したAは，この犬の所有権を取得できるのだよ。ただ，捨てられた犬ではない場合があるので，交番に届け出なさい」と言った。

　　ア．無主物先占　　　イ．代物弁済　　　ウ．埋蔵物発見

　　　　　　　　　　　　.....................

問2　他人の所有地で発見した埋蔵物発見の説明として，最も適切なものを次のなかから一つ選びなさい。

（商業経済検定第7回一部修正）

　　ア．その土地の所有者が所有権を取得する。

　　イ．発見者が所有権を取得する。

　　ウ．発見者とその土地の所有者とで折半して所有権を取得する。

　　　　　　　　　　　　.....................

問3　次の文章を読み，問いに答えなさい。　　（商業経済検定第31回一部修正）

　ある日，Aはカメラを持って出かけたが，どこかで紛失してしまった。その後遺失届を出したが，後日交番から連絡があったのでAは交番に行き，カメラの返却を受けた。このカメラを拾った人が，警察に届け出て警察で□□してから，期間内に所有者が現れなければ，拾った人がその所有権を取得するという遺失物法や民法の規定がある。Aは，すぐに遺失届を提出してよかったと思った。

　(1) □□にあてはまる適切な語句を漢字2文字で答えなさい。

　　　　　　　　　　　　.....................

　(2) 下線部について，次のなかから適切なものを一つ選びなさい。

　　ア．3か月以内　　　イ．6か月以内　　　ウ．1年以内

　　　　　　　　　　　　.....................

第**2**節 **企業活動における契約**

▶▶6 契約外の権利義務の変動④

---【学習の要点】---------------------------------

事務管理	法律上の義務なく他人のためにその利益になる行為をすること
不当利得	法律上の原因がないのに，他人の財産または労務によって利益を受け，そのために他人に損失を与えること

基本問題

問1　次の文章の空欄にあてはまる語句を解答群の中から一つずつ選び，記号を記入しなさい。

⑴　法律上の義務なく他人のためにその利益になる行為をすることを，（　①　）という。

⑵　他人の事務の管理を始めた者を（　②　）という。

⑶　法律上の原因がないのに，他人の財産または労務によって利益を受け，そのために損失を与えることを（　③　）という。

⑷　債務が存在しないにもかかわらず，債務の弁済として給付をなすことを（　④　）といい，受領者は原則として（　③　）となる。

⑸　契約が無効だったり，（　⑤　）されたりした場合，不当利得の一般的規定によると不公平が生じるので，相手方を原状に復させる義務を負うという原状回復義務が定められている。

【解答群】

　ア．非債弁済　　イ．事務管理　　ウ．管理者　　エ．解除　　オ．不当利得

①………………　②………………　③………………　④………………　⑤………………

問2　次の文章で正しいものには○を，間違っているものには×をつけなさい。

⑴　管理者は，事務管理を始めたことを本人に通知しなくてもよい。　　　　　（　　　）

⑵　管理者は，本人の身体または財産に対する急迫の危害を免れさせようとする場合は，悪意または重過失がない限り，損害が生じても賠償責任を負わない。　　　　（　　　）

⑶　管理者は，本人に対して有益費用の償還を請求できる。　　　　　　　　　（　　　）

⑷　不当利得において，受益者は，その利益の存する限度において，これを返還する義務を負う。　　　　　　　　　　　　　　　　　　　　　　　　　　　　　　（　　　）

(5) 債務が存在しないことを知りながら債務の弁済として給付した者は，給付した物の返還を請求することができる。　　　　　　　　　　　　　　　　　　（　　　）

(6) 賭博に負けてお金を支払った場合，賭博契約は公序良俗違反で無効であるから，支払ったお金は法律上の原因のない給付となり，返還を請求できる。　　　　　　　（　　　）

応用問題

問　次の文章を読み，問いに答えなさい。

　Aの隣人のBは，夏休みを利用して一週間にわたり海外旅行に出かけたが，飼っていた猫の餌を用意するのを忘れていた。Aは気の毒に思い，(a)その猫に餌を毎日与えて，Bが帰宅するのを待った。一週間後にBが帰宅したときには，(b)Aが負担した猫の餌代は4,500円になっていた。

(1) 下線部(a)を何というか，次のなかから最も適切なものを一つ選びなさい。

　　ア．不当利得　　イ．非債弁済　　ウ．事務管理　　　　　　　　……………

(2) 下線部(b)の説明として，次のなかから最も適切と思われるものを一つ選びなさい。

　　ア．AとBの間で，猫の世話に関しては何の契約も締結されておらず，猫の餌代もAが勝手に負担したものである。したがって，AはBに何の請求もできない。

　　イ．猫の世話は契約や遺言といった法律行為ではないので，その餌代についてもAはBに請求することはできない。

　　ウ．管理者であるAは，Bの利益に適合する方法で猫の面倒をみたので，猫の餌代はBにとって有益な費用である。したがってAはBに4,500円の償還を請求できる。

　　　　　　　　　　　　　　　　　　　　　　　　　　　　　　　　……………

発展問題

問　次の文章を読み，問いに答えなさい。　　　　　　　（商業経済検定第8回一部修正）

　商人Aが商品を注文し，代金を前払いした後に，相手方の商人Bが約束の期限までに商品の納品ができなくなった場合は，商人Bの前受代金は不当利得になる。しかし，同じ不当利得であっても，賭博の前払金などは，返還請求することはできない。このような給付を□□□□というう。

(1) 文中の□□□□にあてはまる語句として，最も適切なものを次のなかから一つ選びなさい。

　　ア．不法行為　　イ．過失相殺　　ウ．不法原因給付　　　　　　……………

(2) 文中の下線部の説明として，最も適切なものを次のなかから一つ選びなさい。

　　ア．Bは前受代金を直ちに返さなければならない。

　　イ．Bは前受代金のうち半分を返せばよい。

　　ウ．Bは前受代金の2倍を返さなくてはならない。

　　　　　　　　　　　　　　　　　　　　　　　　　　　　　　　　……………

企業活動における契約

第 **2** 節

▶▶6　契約外の権利義務の変動⑤

- - -【学習の要点】- -

- 一般的不法行為の要件

　①加害者に故意または過失があること

　②他人の権利または法律上保護される利益の侵害があること

　③損害の発生があること

　④加害者の行為と損害の発生との間に因果関係があること

　⑤加害者に責任能力があること

基本問題

問1　次の文章の空欄にあてはまる語句を解答群の中から一つずつ選び，記号を記入しなさい。

(1)　故意または過失によって他人の権利を侵害することを（　①　）という。

(2)　他人の権利に対する侵害行為があっても，加害者に故意や過失がなければ，損害賠償の責任はない。これを（　②　）の原則という。

(3)　無過失責任を認める背景には，利益を得る者にも損害を負担させることが公平であるという（　③　）の考え方や，危険な活動をする者は損害を負うのが当然だとする（　④　）の考え方がある。

(4)　精神的な損害に対する賠償金を（　⑤　）という。

【解答群】

　ア．危険責任　　イ．慰謝料　　ウ．不法行為　　エ．報償責任　　オ．過失責任

　　　　　　　　　　①　　　　　　②　　　　　　③　　　　　　④　　　　　　⑤

　　　　　　　　…………………………………………………………………………………………………

問2　次の文章で正しいものには○を，間違っているものには×をつけなさい。

(1)　過失とは，結果が発生することを知りながら，あえてその行為をするという心理状態のことであり，故意とは，社会生活上要求される注意義務を怠ったことである。　　　　　（　　　）

(2)　法律で定められた権利の侵害は不法行為に含まれるが，日照・通風など法律に定められていない権利の侵害については不法行為には含まれない。　　　　　　　　　　　　（　　　）

(3)　被害者の損害賠償請求が認められるためには，加害者Aの行為によって被害者Bに損害

が生じたという事実的因果関係があることが必要である。この事実的因果関係は，無限に拡大することが可能である。 （　　）

(4) 自分の行為から生じる責任を判断する能力を責任能力という。 （　　）

(5) 不法行為の成立要件は，被害者に立証責任があり，被害者が要件を満たしていることを証明しなければならないが，この責任能力は，加害者側で責任能力がないことを証明したときに免責される。 （　　）

(6) 不法行為にもとづく損害賠償請求権は，損害と加害者を知ったときから3年，不法行為のときから20年で消滅する。 （　　）

応用問題

問　次の文章の空欄にあてはまる語句を漢字4文字で記入しなさい。

不法行為の被害者の損害賠償請求が認められるためには，加害者の行為によって被害者に損害が生じたという事実的因果関係が必要である。しかし，事実的因果関係は無限に拡大し，その全損害を賠償させることは過酷な結果になるため，損害賠償の範囲は，その加害行為から普通生じるはずの損害に限られる。これを[　　　]関係のある損害という。

....

発展問題

問1　次の文章を読み，問いに答えなさい。 （商業経済検定第26回一部修正）

21歳のAは，宅配ピザB店に勤務している。ある日，Aは勤務中に顧客から，ピザの宅配注文を受け，B店が所有するバイクで配達に向かった。

その途中，(a)Aの不注意のため，信号機のない横断歩道を渡っていた会社員のCに接触してしまいケガを負わせてしまった。幸いにもCの生命に別状はなかったが，1か月の入院が必要となり，Cは，「(b)私は，この事故で身体を侵害されたことによる精神的な損害を受けたので，治療費の他に，民法の規定による賠償金を請求します」と主張した。

(1) 下線部(a)のようなAの行為を何というか，次のなかから正しいものを一つ選びなさい。

　ア．法律行為　　イ．不法行為　　ウ．威迫行為

....

(2) 下線部(b)に記された賠償金を何というか，次のなかから正しいものを一つ選びなさい。

　ア．慰謝料　　イ．見舞金　　ウ．保証料

....

問2　次の文章を読み，文中の[　　　]にあてはまる語句を漢字4文字で答えなさい。

（商業経済検定第2回一部修正）

民法では，自分の行為に故意や過失がなければ，損害が発生してもその賠償責任はないという原則をとっている。これを[　　　]の原則という。

の原則
....

第2節 企業活動における契約

▶▶6 契約外の権利義務の変動⑥

- - -【学習の要点】- -

使用者責任	事業のために他人を使用する者は，被用者がその事業の執行について第三者に加えた損害を負わなければならない。

基本問題

問1　次の文章の空欄にあてはまる語句を解答群の中から一つずつ選び，記号を記入しなさい。

⑴　事業のために他人を使用する者は，被用者がその事業の執行について第三者に加えた損害を負わなければならない。これを（　①　）という。

⑵　幼児が遊んでいて他人の物を壊してしまったという場合，壊された物の所有者に対して幼児は不法行為責任を負わないが，（　②　）や後見人など，責任無能力者を監督する義務を負う者が，不法行為責任を負う。

⑶　未成年者でも（　③　）がある場合には，監督義務者の責任を問うことはできず，未成年者本人の不法行為責任を問うことになる。

⑷　土地の工作物の瑕疵によって生じた損害について，その工作物の占有者または所有者が負う責任のことを（　④　）という。

⑸　数人が共同の不法行為によって他人に損害を加えたとき，および共同行為者のうち誰がその損害を加えたのかわからないときは，各自（　⑤　）してその損害賠償責任を負う。

【解答群】

ア．責任能力　　イ．土地工作物責任　　ウ．使用者責任　　エ．連帯　　オ．親権者

①…………………　②…………………　③…………………　④…………………　⑤…………………

問2　次の文章で正しいものには○を，間違っているものには×をつけなさい。

⑴　被害者に損害賠償した使用者は，不法行為をした被用者に対して，支払った損害賠償金の償還を求めることはできない。　　　　　　　　　　　　　　　　　　　　　　（　　　）

⑵　土地工作物責任における所有者の損害賠償責任は，無過失の免責が認められず，損害の発生が予見不可能でも責任が認められるから，無過失責任である。　　　　　　　　（　　　）

⑶　動物が他人に損害を加えた場合には，その動物の占有者または管理者が，損害賠償責任を

負う。 （　　　）

(4) 数人が共同の不法行為によって他人に損害を加えたとき，および共同行為者のうち誰がその損害を加えたのかわからないときは，各自連帯してその損害賠償責任を負う。 （　　　）

(5) 客観的にみて一体のものとして関連し合っていても，数人の間に意思の連絡がなければ，「共同の不法行為」とはならない。 （　　　）

(6) 不法行為をした者を教唆したり，幇助したりした者も，共同行為者とみなされる。

（　　　）

発展問題

問1　次の文章を読み，問いに答えなさい。 （商業経済検定第8回一部修正）

　特殊な不法行為については，いくつかあるが，たとえば幼児など責任能力のない者については，不法行為責任を負わせることはできないとされている。それでは，これらの責任能力のない者についてはどうするのかというと，民法では親権者や精神障害者が入院中の病院長などに　①　義務を負わせている。その他，事業所などで人を使用する者については，被用者が仕事の上で相手方に損害を与えた場合は，それを賠償する責任を負うものとされている。これを　②　責任とよび，やはり義務を負わせている。

(1) 文中の　①　にあてはまる語句として，最も適切なものを一つ選びなさい。

　　ア．監督　　イ．扶養　　ウ．就学　　　　　　　　　　　　　　　……………

(2) 文中の　②　にあてはまる語句として，最も適切なものを一つ選びなさい。

　　ア．出資者　　イ．被用者　　ウ．使用者　　　　　　　　　　　……………

問2　次の文章を読み，問いに答えなさい。 （商業経済検定第14回一部修正）

　半年ほど前，(a)Aさんの家の塀が崩れたため，隣家のBさんの物置小屋が壊れてしまった。Bさんは，塀の所有者であるAさんの責任として損害賠償を求めたところ，Aさんから賠償金が支払われた。

　その後，塀の崩壊の原因は，塀の建造工事が不完全だったためであると判明した。現在，(b)Aさんは，塀の建造者であるCさんに対して，Bさんに支払った賠償金の弁済を求めることと崩れた塀の修理の請求をすることを検討している。

(1) 下線部(a)に対するAさんの責任を何というか，次のなかから適切なものを一つ選びなさい。

　　ア．使用者責任　　イ．土地工作物責任　　ウ．共同不法行為責任　　……………

(2) 下線部(b)のようなAさんの請求は，どのような権利にもとづくものか，次のなかから適切なものを一つ選びなさい。

　　ア．求償権　　イ．回復請求権　　ウ．償還請求権　　　　　　　……………

第2節 企業活動における契約

▶▶6 契約外の権利義務の変動⑦

- - -【学習の要点】- -

| 製造物責任 | 製造物の欠陥によって，人の生命，身体または財産に被害が生じた場合には，その製造物を製造，加工または輸入した業者は，損害賠償責任を負う。 |

基本問題

問1　次の文章の空欄にあてはまる語句を解答群の中から一つずつ選び，記号を記入しなさい。

(1) 欠陥製品によって被害を受けた消費者の保護を図るため，（　①　）が制定され，製品の欠陥を立証すれば，過失を立証しなくても製造業者等の損害賠償責任が認められるようになった。

(2) 自動車事故による被害者の救済を確実にするため，（　②　）という特別法が制定された。

(3) 国または公共団体の公権力の行使にあたる公務員が，その職務をおこなうにあたり，故意または過失によって違法に損害を加えたときは，（　③　）によって国または公共団体は損害賠償の責任を負う。

(4) 道路，河川その他の公の営造物の設置または管理に瑕疵があったため，他人に損害が生じたときは，国または公共団体が損害賠償責任を負う。これは（　④　）の特則である。

(5) 法人は，（　⑤　）等が，その職務をおこなうについて，法人の目的の範囲内と認められる行為をし，他人に損害を与えた場合には，当該（　⑤　）等とともに損害賠償責任を負う。

【解答群】

ア．役員　　イ．製造物責任法　　ウ．国家賠償法　　エ．土地工作物責任

オ．自動車損害賠償保障法

①　　　　　　　②　　　　　　　③　　　　　　　④　　　　　　　⑤

問2　次の文章で正しいものには○を，間違っているものには×をつけなさい。

(1) 欠陥製品を製造したメーカーに損害賠償を求める場合には，消費者はメーカーとはいかなる契約も結んでいないので，債務不履行責任ではなく，不法行為責任を問うことになる。

（　　　　）

(2) 国家賠償責任は，使用者責任と同様に公務員の選任・監督について相当の注意を払ったときは，免責される。（　　　）

(3) 国または公共団体は，使用者責任と同様に，被害者に損害賠償した後に，不法行為をおこなった公務員に対して，過失の有無を問わず，支払った損害賠償金の償還を求めることができる。（　　　）

(4) 道路，河川その他の公の営造物の設置または管理に瑕疵があったため，他人に損害が生じたときは，国または公共団体が損害賠償責任を負う。（　　　）

発展問題

問1 安全性を欠いた製品によって，消費者の生命，身体または財産に損害を被った場合に，被害者は製造会社などに対して損害賠償を求めることができる法律を何というか，漢字6文字で答えなさい。

（商業経済検定第22回一部修正）

....

問2 次の文章を読み，問いに答えなさい。　　（商業経済検定第30回一部修正）

　飲食店に勤務しているAがバイクで配達をしている最中に，少年の腕にバイクが接触し，腕を骨折させてしまった。Aと飲食店のオーナーは，すぐに少年の親に会いに行き，謝罪をした。親は飲食店のオーナーに，「(a)Aさんは仕事中に交通事故を起こしており，あなたが責任者としての注意を怠って運転させていたならば，息子に対して責任をとるのは店であると思います」といって，財産的な損害賠償金とともに(b)生命や身体が危険にさらされたことによる精神的な損害について，民法の規定にある賠償金を請求した。オーナーは，「わかりました。オーナーの私が責任を負います」といって謝罪をした。オーナーは(c)自動車賠償責任保険（自賠責保険）と他の保険会社の自動車保険にも加入していたので，すぐに事故の内容を保険会社へ報告した。

(1) 下線部(a)を何というか，次のなかから適切なものを一つ選びなさい。
　　ア．共同不法行為責任　　イ．使用者責任　　ウ．挙証責任

....

(2) 下線部(b)を何というか，次のなかから適切なものを一つ選びなさい。
　　ア．見舞金　　イ．扶助料　　ウ．慰謝料

....

(3) 下線部(c)の内容として，次のなかから適切なものを一つ選びなさい。
　　ア．歩行者が，自動車による交通事故の被害にあったときや病気のために加入する強制保険
　　イ．自動車を所有する者が，法律に基づき必ず加入しなければならない強制保険
　　ウ．自動車を所有する者が，任意で加入する任意保険

....

第**3**節　**株式会社の特徴と機関**

▶▶1　株式会社の意義

----【学習の要点】--

会社の種類	社員（出資者）の責任	特徴
株式会社	有限責任	多数の出資者から資金を集めることが可能

基本問題

問　次の(1)〜(5)について，下線部が正しいときは〇を記入し，誤っているときは解答群から正しいものを選び記号で答えなさい。

(1)　合名会社，合資会社，合同会社を，まとめて<u>株式会社</u>という。

(2)　合名会社の社員は，会社の債務について，債権者に対して直接連帯して<u>無限責任</u>を負う。

(3)　合同会社の社員は，債権者に対して出資額を限度とする<u>有限責任</u>を負う。

(4)　わが国の会社の大部分を占めるのは<u>合資会社</u>である。

(5)　株式会社の社員（株主）は，会社の債務について，会社債権者に対して直接責任を負わず，株式の引受価額を限度とする<u>有限の間接責任</u>を負うだけである。

【解答群】

　ア．株式会社　　　イ．無限責任　　　ウ．有限責任　　　エ．持分会社　　　オ．無限の間接責任

　　　　　　　　　　(1)　　　　　(2)　　　　　(3)　　　　　(4)　　　　　(5)

発展問題

問　合同会社の説明として最も適切なものを一つ選んで記入しなさい。

（商業経済検定第26回一部修正）

　ア．比較的小規模な事業に適しており，出資者は無限責任社員あるいは有限責任社員となり，事業の運営は無限責任社員があたる。

　イ．どのような事業規模にも適しており，出資者は有限責任社員となり，事業の運営は出資者でなくてもあたることができる。

　ウ．小規模な事業に適しており，出資者は有限責任社員となり，事業の運営は原則として出資者全員があたる。

第3節　株式会社の特徴と機関

▶▶2　株主の責任と地位

- - - 【学習の要点】 -

資本充実の原則	会社の設立または新株発行のさいには，出資が確実に履行され，資本金が実質的に充実されなければならないという原則

基本問題

問　次の(1)〜(5)について，下線部が正しいときは○を記入し，誤っているときは解答群から正しいものを選び記号で答えなさい。

(1)　株式会社の設立の方法には，発起設立と募集設立の二つがある。

(2)　会社の設立または新株発行のさいには，出資が確実に履行され，資本金が実質的に充実されなければならない。これを資本維持の原則という，

(3)　会社法は，原則として株式譲渡自由の原則を認めている。

(4)　株式は均一性を有し，1人で複数株を保有する者は，その株式数に応じて平等の取扱いを受ける。これを種類株式制度という。

(5)　定款で株式の一定数をまとめたものを1単元とし，株主の議決権は1単元につき1個とすることができる。これを株主の有限責任の原則という。

【解答群】

　ア．株主平等　　　イ．単元株制度　　　ウ．株券発行会社　　　エ．資本充実　　　オ．説明責任

(1)	(2)	(3)	(4)	(5)

発展問題

問1　次の文章を読み，□□□□にあてはまる語句を漢字4文字で記入しなさい。

（商業経済検定第3回一部修正）

　株主は□□□□の原則によって平等な取扱いを受ける。　　　　　　　　　　　　　　　　…………………………

問2　個人事業主であるAが一人で事務処理をおこなって株式会社を設立し，株式の一部をAが引き受け，残りは従業員と友人が引き受けたとする。このときその設立方法を何というか，漢字4文字で記入しなさい。

（商業経済検定第28回一部修正）

…………………………

第3節 株式会社の特徴と機関

▶▶3 株式の譲渡

- - - 【学習の要点】 -

非公開会社	すべての種類の株式について譲渡制限をつけている株式会社
公開会社	少なくとも1種類の株式については定款に譲渡制限を定めていない株式会社

基本問題

問　次の(1)〜(5)について，下線部が正しいときは○を記入し，誤っているときは解答群から正しいものを選び記号で答えなさい。

(1)　発行する全部または一部の株式の内容として，譲渡による株式の取得について会社の承認を要する旨を定款で定めている場合，この株式を<u>未公開株</u>という。

(2)　少なくとも1種類の株式については定款に譲渡制限を定めていない株式会社を<u>非公開会社</u>という。

(3)　自己株式を取得した場合，会社は保有する自己株式について，<u>議決権</u>を有しない。

(4)　子会社が，その総株主の議決権の過半数を有する<u>親会社</u>の株式を取得することも，原則として禁止されている。

(5)　株券を占有者から譲り受けた者は，悪意または重大な過失がない限り<u>即時取得</u>する。

【解答群】

　ア．公開会社　　　イ．単元株制度　　　ウ．譲渡制限株式　　　エ．資本充実　　　オ．説明責任

(1)	(2)	(3)	(4)	(5)

発展問題

問　文中の＿＿＿にあてはまる最も適切な語句を一つ選びなさい。　　　（商業経済第7回一部修正）

　中小規模の株式会社では，株主の個性が問題となるので，会社に対して好ましくない者が，株式譲渡によって株主になることを阻止する必要がある。そこで会社法は，＿＿＿で定めれば，全部または一部の株式の譲渡にあたり，会社の承認が必要になる制度を定めた。

　　ア．定款　　イ．契約　　ウ．経営計画

第3節　株式会社の特徴と機関

▶▶4　所有（資本）と経営の分離

基本問題

問　次の文章の空欄にあてはまる語句を解答群の中から一つずつ選び，記号を記入しなさい。

(1)　取締役会設置会社では，（　①　）は基本的事項のみを決定する。

(2)　取締役会が選任した（　②　）が業務執行や代表行為をおこなう。

(3)　企業経営の監視体制を（　③　）という。

(4)　決算書類である貸借対照表や損益計算書の数字をごまかすことを（　④　）という。

(5)　会社法は，（　⑤　）への利益供与を，株主の権利の行使に関する利益の供与として禁止している。

【解答群】

　ア．代表取締役　　　イ．コーポレート・ガバナンス　　　ウ．粉飾決算　　　エ．総会屋

　オ．株主総会

①　..................　②　..................　③　..................　④　..................　⑤　..................

発展問題

問1　次の文中の空欄にあてはまる語句を漢字4文字で記入しなさい。

（商業経済検定第2回一部修正）

　取締役会設置会社では，代表取締役は，□□□□によって選任される。　　　..........................

問2　次の文章を読み，下線部のような状態を何というか，最も適切なものを一つ選びなさい。

（商業経済検定第9回一部修正）

　一般の株主は，株価や配当については関心があるが，会社業務には関心がなく，業務執行に関する意思決定は，取締役会に委ねられている。つまり，資本（資金）を出資し，法律的には株式会社の所有者である株主と，取締役および取締役によって構成される取締役会とが分離した状態になっている。

　　ア．所有（資本）と経営の分離　　　イ．取締役会と代表取締役の分離

　　ウ．所有（資本）と監査の分離　　　　　　　　　　　　　　　　　　　..........................

株式会社の特徴と機関

▶▶5　株式会社の機関①

[基本問題]

問　次の文章の空欄にあてはまる語句を解答群の中から一つずつ選び，記号を記入しなさい。

⑴　組織上一定の地位にある自然人およびその集合体を，会社の（　①　）という。

⑵　すべての株式会社は，株主総会と（　②　）を設けなければならない。

⑶　株主は，取締役に対し，一定の事項を株主総会の目的とすることを請求することができる。これを（　③　）という。

⑷　株主は，株主総会において，株主総会の目的である事項について議案を提出することができる。これを（　④　）という。

⑸　毎事業年度の終了後，3か月以内の一定の時期に招集される株主総会を（　⑤　）という。

【解答群】

　ア．議案提出権　　イ．定時株主総会　　ウ．機関　　エ．議題提案権　　オ．取締役

　　　　　　　　　①　　　　　　②　　　　　　③　　　　　　④　　　　　　⑤

[発展問題]

問1　取締役会設置会社において，株主総会の決議事項として最も適切なものを一つ選びなさい。

（商業経済検定第6回一部修正）

　ア．取締役の解任　　イ．新株の発行　　ウ．機械設備の新規投資

問2　取締役会設置会社において，株主総会の決議事項として最も適切なものを一つ選びなさい。

（商業経済検定第2回一部修正）

　ア．新株の発行　　イ．支店の設置　　ウ．役員の選任

問3　取締役会設置会社の株主総会は，会社法に規定する事項および定款に定められた事項についてのみ決議できる。このとき株主総会の決議が必要なものを一つ選びなさい。

（商業経済検定第3回一部修正）

　ア．支店長の選任　　イ．機械装置の購入　　ウ．取締役・監査役の解任

第**3**節 **株式会社の特徴と機関**

▶▶▶5 株式会社の機関②

基本問題

問　次の文章の空欄にあてはまる語句を解答群の中から一つずつ選び，記号を記入しなさい。

(1)　株主が，その有する株式1株につき1個の議決権を有することを（　①　）という。

(2)　株主総会において，議決権を行使することができる株主の議決権の過半数を有する株主が出席し，出席した株主の議決権の過半数をもっておこなう決議を（　②　）という。

(3)　株主総会において議決権を行使することができる株主の議決権の過半数を有する株主が出席し，出席した株主の議決権の3分の2以上にあたる多数をもっておこなう決議を（　③　）という。

(4)　株主総会において議決権を行使することができる株主の半数以上で，その議決権の3分の2以上の多数でおこなう決議を（　④　）という。

(5)　取締役は，（　⑤　）の決議で選任する。

【解答群】

　ア．特殊決議　　イ．特別決議　　ウ．株主総会　　エ．普通決議

　オ．一株一議決権の原則

①……………　②……………　③……………　④……………　⑤……………

発展問題

問1　取締役の説明として，次のなかから最も適切なものを一つ選びなさい。

（商業経済検定第2回一部修正）

　ア．代表取締役は，前社長の指名によって選任される。

　イ．代表取締役は，取締役会によって選任される。

　ウ．代表取締役は，株主総会の決議によって選任される。　　……………

問2　特別決議の決議事項として，次のなかから最も適切なものを一つ選んで記入しなさい。

（商業経済検定第8回一部修正）

　ア．取締役の選任　　イ．定款変更　　ウ．計算書類の承認　　……………

第**3**節 **株式会社の特徴と機関**

▶▶▶5 株式会社の機関③

┊ 基本問題

問 次の文章の空欄にあてはまる語句を解答群の中から一つずつ選び，記号を記入しなさい。

(1) 株主総会で選任された取締役全員によって構成される機関を（ ① ）という。

(2) 取締役会設置会社において，取締役の数が6人以上であり，取締役のうち1人以上が社外取締役である場合には，あらかじめ3人以上の取締役を選定することができる。この選定した取締役を（ ② ）という。

(3) 対外的に会社を代表し，かつ業務を執行する取締役を（ ③ ）という。

(4) 取締役は善管注意義務や忠実義務を負っているので，利益相反取引や（ ④ ）は規制されている。

(5) 取締役の職務の執行が法令および定款に適合することを確保するための体制を（ ⑤ ）という。

【解答群】

ア．代表取締役 イ．内部統制システム ウ．特別取締役 エ．競業取引

オ．取締役会

① …………… ② …………… ③ …………… ④ …………… ⑤ ……………

┊ 発展問題

問1 取締役会の権限として，最も適切なものを一つ選びなさい。

（商業経済検定第14回一部修正）

ア．取締役の業務執行全般を監査し，会計監査をおこなう。

イ．会社の業務執行を決定し，取締役の職務の執行を監督する。

ウ．会社法や定款に定められている事項だけを決議する。 ……………

問2 取締役と会社との間の関係は，委任に関する規定に従い，業務執行にあっては善良な管理者としての注意をもって会社の業務を行わなければならない。この義務を何というか，次のなかから最も適切なものを一つ選びなさい。 （商業経済検定第36回一部修正）

ア．忠実義務 イ．善管注意義務 ウ．競業避止義務 ……………

第3節　株式会社の特徴と機関

▶▶5　株式会社の機関④

- - -【学習の要点】- -

監査役	取締役の職務執行を監査する機関

基本問題

問　次の文章の空欄にあてはまる語句を解答群の中から一つずつ選び，記号を記入しなさい。

⑴　公開会社ではない会計参与設置会社は，取締役会を設置していても，（　①　）を置かなくてよい。

⑵　監査役会設置会社では，監査役は3人以上で，そのうち半数以上は（　②　）でなければならない。

⑶　監査役会設置会社と会計監査人設置会社を除く非公開会社は，定款で，監査役の権限を会計監査に限定する（　③　）を置くことができる。

⑷　監査役の任期は，就任後（　④　）年以内の最終事業年度に関する定時株主総会の終結時までである。

⑸　監査役は，いつでも，（　⑤　）および会計参与ならびに支配人その他の使用人に対して事業の報告を求め，自ら会社の業務および財産の状況を調査することができる。

【解答群】

ア．4　　イ．監査役　　ウ．社外監査役　　エ．取締役　　オ．会計限定監査役

①　　　　②　　　　③　　　　④　　　　⑤

発展問題

問　監査役のもつ権限として，次のなかから正しいものを一つ選びなさい。

（商業経済検定第19回一部修正）

ア．会社の重要な財産の処分や譲り受けの決定

イ．取締役や支配人，その他の使用人に対する事業の報告の請求

ウ．支店その他の重要なる組織の設置，変更および廃止の決定

第3節　株式会社の特徴と機関

▶▶▶**5** 株式会社の機関⑤

- - -【学習の要点】- -

監査等委員会設置会社	監査等委員会（取締役3名以上で過半数を社外取締役が構成）が，取締役の業務執行を監査する株式会社

基本問題

問　次の文章の空欄にあてはまる語句を解答群の中から一つずつ選び，記号を記入しなさい。

⑴　定款で定めることにより，すべての（　①　）が監査等委員会設置会社になることができる。

⑵　監査等委員会は（　②　）人以上の監査等委員で構成される。

⑶　監査等委員会は（　③　）が招集する。

⑷　監査等委員である取締役の解任は，株主総会の（　④　）によらなければならない。

⑸　監査等委員である取締役の任期は（　⑤　）年である。

【解答群】

　　ア．3　　イ．特別決議　　ウ．各監査等委員　　エ．2　　オ．株式会社

　　　　　　　　①　　　　　　②　　　　　　③　　　　　　④　　　　　　⑤

応用問題

問　次の文章の空欄にあてはまる数字として，最も適切なものを解答群から一つ選びなさい。

　監査等委員会設置会社では，監査等委員でない取締役の任期は（　　　）年である。

【解答群】

　　ア．1　　イ．2　　ウ．3

発展問題

問　次の文章の□□□にあてはまる語句として，最も適切なものを漢字2文字で答えなさい。

（商業経済検定第32回一部修正）

　監査等委員会設置会社における監査等委員である取締役の選任は，株主総会の□□□決議でおこなう。

株式会社の特徴と機関

▶▶**5** 株式会社の機関⑥

▐ 基本問題

問　次の文章で正しいものには○を，間違っているものには×をつけなさい。

(1)　会社の規模にかかわらず，定款に定めることにより，すべての株式会社が指名委員会等設置会社になることができる。　　　　　　　　　　　　　　　　　　　　　（　　　）

(2)　指名委員会等設置会社には，取締役会の監督機能を強化するため，指名委員会・監査委員会・報酬委員会の３つの委員会が置かれており，取締役会の監督機能が強化されている一方，監査役を設置することでさらに監査機能の強化をはかることも可能である。　（　　　）

(3)　業務執行機能と監督機能を分離するため，会社の業務を執行する執行役が１人以上置かれる。　　　　　　　　　　　　　　　　　　　　　　　　　　　　　　　　（　　　）

(4)　指名委員会等設置会社では，取締役の任期は一般の株式会社よりも短く，１年である。　　　　　　　　　　　　　　　　　　　　　　　　　　　　　　　　　　　（　　　）

(5)　指名委員会等設置会社では，取締役は原則として執行役とともに業務執行をおこなう。　　　　　　　　　　　　　　　　　　　　　　　　　　　　　　　　　　　（　　　）

(6)　各委員会は委員３人以上で組織され，各委員会の委員は，取締役の中から，取締役会の決議で選定する。　　　　　　　　　　　　　　　　　　　　　　　　　　　　（　　　）

(7)　各委員会の委員のうち最低１人は，社外取締役でなければならない。　　　（　　　）

(8)　委員会は各委員が招集権をもち，執行役等は，委員会の要求があったときは，委員会に出席して説明しなければならない。　　　　　　　　　　　　　　　　　　　（　　　）

▐ 応用問題

問　次の文章の空欄にあてはまる語句を解答群から一つずつ選び，記号を記入しなさい。

　指名委員会等設置会社では，業務執行と監督が分離されており，業務執行に関する意思決定は大幅に（　①　）に委譲され，取締役は（　①　）の（　②　）に特化する。取締役会は（　①　）を選任するとともに，三つの各委員を設置する。取締役会に設置される三つの委員会の過半数は（　③　）でなければならない。

【解答群】

　ア．社外取締役　　イ．監督　　ウ．報酬委員会　　エ．執行役　　オ．会計監査

①………………　②………………　③………………

第**3**節　**株式会社の特徴と機関**

▶▶**5**　株式会社の機関⑦

基本問題

問　次の文章で正しいものには○を，間違っているものには×をつけなさい。

⑴　会社法は，それぞれの会社が実態に応じて運営形態を採用できるよう，機関設計の規律を柔軟化して選択肢を広げている。　　　　　　　　　　　　　　　　　　（　　　　）

⑵　すべての株式会社で株主総会は必置機関であるが，業務執行については取締役に委ねるのを原則とし，取締役会は公開会社で必置機関とされるだけである。　　　　　　（　　　　）

⑶　非公開会社には，取締役のみが設置される会社と取締役会が設置される会社とがあり，取締役会が設置された場合であっても，各取締役が会社を代表する。　　　　　（　　　　）

⑷　非公開会社は取締役会を設置しなくてもよいので，取締役会を設置しない場合，監査役も置く必要がなくなる。　　　　　　　　　　　　　　　　　　　　　　　　　（　　　　）

⑸　公開会社で大会社の場合，監査役会および会計監査人を置かなければならず，非公開会社で大会社の場合，会計監査人を置かなければならない。　　　　　　　　　　（　　　　）

応用問題

問　次の文章の空欄にあてはまる語句を漢字4文字で記入しなさい。

すべての株式会社で◻︎◻︎◻︎は必置機関であるが，業務執行については取締役に委ねるのが原則である。　　　　　　　　　　　　　　　　　　　　　　　　　　　　　　　　　……………………

発展問題

問　株式会社の機関には，株主総会，取締役会，代表取締役，監査役などがある。このうち，公開会社でのみ必置機関とされるのは◻︎◻︎◻︎である。このとき，文中の◻︎◻︎◻︎にあてはまる語句として最も適切な語句を一つ選びなさい。　　　　　　　　　　　（商業経済検定第2回一部修正）

ア．指名委員会　　　イ．取締役会　　　ウ．監査役　　　　　　　　　　　…………………

第4節　資金調達と金融取引

▶▶1　資金調達の方法

基本問題

問　次の文章で正しいものには○を，間違っているものには×をつけなさい。

(1)　証書貸付は，1年以内の短期融資で利用される。　　　　　　　　　　　（　　　　）

(2)　証書貸付の返済は，借入金額を返済期間で均等に割り，月々同じ金額に利息を付して返済していく元金均等返済が多い。　　　　　　　　　　　　　　　　　　　　（　　　　）

(3)　銀行融資では，長期にわたる多額の資金を調達することが容易で，金利負担も小さい。

（　　　　）

(4)　新株発行による株式を引き受ける者を募集しようとするときは，非公開会社の場合は，原則として株主総会の特別決議により募集事項を決定しなければならない。　（　　　　）

(5)　指名委員会等設置会社以外の取締役会設置会社においては，迅速に意思決定をおこなうため，社債の発行は執行役に決定を委任することができる。　　　　　　（　　　　）

(6)　社債権者を保護するために社債権者集会制度も設けられている。　　　（　　　　）

応用問題

問　次の文章の空欄にあてはまる語句を，それぞれ漢字2文字で記入しなさい。

　　①　を発行して資金を調達する場合，会社にとっては返済の必要はないが，利益を計上した場合には，配当金を支払う必要がある。一方，　②　を発行して資金を調達した場合，一定の期日に元本に利息を付して返済しなければならない。

①　　　　　　　　②

発展問題

問　取締役会の決議事項はどれか，次のなかから正しいものを一つ選びなさい。

（商業経済検定第6回一部修正）

ア．公開会社において，特に有利な金額による募集株式の引受けではない新株の発行

イ．非公開会社において，新株の発行における募集事項の決定

ウ．公開会社において，得に有利な金額による募集株式の引受けによる新株の発行

　　　　　　　　　　　　　　　　　　　　　　　　　　　　　　　　　　　…………………

第**4**節　**資金調達と金融取引**

▶▶▶2　金融商品に関する法規

----【学習の要点】--

- わが国の金融市場の魅力を高めるために，**金融商品取引法**や**金融サービス提供法**が制定されている。

|基本問題|

問　次の文章で正しいものには○を，間違っているものには×をつけなさい。

(1)わが国では，銀行への信頼が高いことなどから，伝統的に直接金融が主流となっている。

（　　　）

(2)　金融商品取引法は「有価証券」の範囲を厳密に解釈して，集団投資スキームの持分やデリバティブ取引などは規制の対象とはしていない。　　　　　　　　　　　（　　　）

(3)　金融商品取引法では，金融商品取引業者の行為規制を強化しつつも，顧客にあった金融商品を販売・勧誘するという適合性の原則までは要求していない。　　　　　（　　　）

(4)　金融商品取引法では，契約内容のうち，商品のしくみやリスクなどの記載をした書面を交付する義務が課され，取引によって生じた損失の補填は禁止されている。　（　　　）

(5)　金融商品取引法では，取引対象者が特定投資家であっても一般投資家であっても，特段に行為規制に差を設けるような措置は講じていない。　　　　　　　　　　（　　　）

(6)　金融商品取引法では，ディスクロージャーの充実やインサイダー取引の罰則規定は設けておらず，これらは特定商取引法で規制がなされている。　　　　　　　　（　　　）

|発展問題|

問　次の文章の▢▢▢にあてはまる語句を解答群から一つ選び，記号を記入しなさい。

（商業経済検定第7回一部修正）

　金融大改革（金融ビッグバン）により，金融商品の販売や加入をめぐるトラブルが発生したこともあり，投資家が安心して金融商品を購入できるように金融市場の利用者保護を徹底し，投資家の利便性をはかる必要がでてきた。そのために証券取引法が改められたのが▢▢▢である。

【解答群】

　ア．金融サービス提供法　　イ．金融商品取引法　　ウ．会社法

....

第**4**節　**資金調達と金融取引**

▶▶3 資金の調達や運用と金融取引の現状・課題

基本問題

問　次の文章の空欄にあてはまる語句を解答群の中から一つずつ選び，記号を記入しなさい。

(1)　企業がクラウドファンディングを利用して資金調達をする場合は，消費者を対象に（　①　）を選ぶことが多いと考えられる。

(2)　クラウドファンディングを運営する事業者において，投資型は，（　②　）の規制の対象となる。

(3)　企業が電子的に（　③　）を発行して投資家から資金を調達する方法として，ICO や STO がある。

(4)　クラウドファンディングを運営する事業者において，（　④　）では，少なくとも少額電子募集取扱業の登録が必要となる。

(5)　クラウドファンディングを運営する事業者において，融資型は，第二種金融商品取引業のほか，（　⑤　）の登録が必要になると考えられる。

【解答群】

ア．株式型　　イ．貸金業　　ウ．金融商品取引法　　エ．購入型　　オ．トークン

①……………　②……………　③……………　④……………　⑤……………

応用問題

問　次の文章を読み，問いに答えなさい。

　新たに小売店を開業する A は，安定した経営を続けるためにも，なるべく借入金の額を抑制したいと考えていた。競合他店とは差別化された品ぞろえで勝負するつもりだったので，(a)その企画内容をインターネットで公開し，支援者から資金を得ることにした。そして，(b)その対価として A は店舗のオリジナル商品を支援者に提供することにした。

(1)　下線部(a)を何というか，カタカナ 11 文字で記入しなさい。

　　　　　　　　　　　　　　　　　　　　……………………………………………

(2)　下線部(b)を何というか，次のなかから適切なものを一つ選びなさい。

　　ア．寄付型　　イ．投資型　　ウ．購入型

　　　　　　　　　　　　　　　　　　　　……………………

第4節　資金調達と金融取引

▶▶▶4　金融商品の消費者保護

基本問題

問　次の文章の空欄にあてはまる語句を解答群の中から一つずつ選び，記号を記入しなさい。

(1)　万一，金融機関が破綻しても預金者が保護されるよう，預金保険法は（　①　）を設けている。

(2)　金融商品取引法は，すべての証券会社に対して顧客から預かった財産と証券会社の財産を分別保管することを義務づけ，さらに何らかの事故発生などにより，証券会社が一般顧客から預かった財産を返還できない場合には，（　②　）が1人あたり1,000万円まで補償をおこなう。

(3)　保険契約者の保護制度としては，（　③　）が設けられている。

【解答群】

　ア．投資者保護基金　　イ．保険契約者保護機構　　ウ．預金保険制度

①　　　　　　②　　　　　　③
....　...............　...............

応用問題

問　次の文章を読み，問いに答えなさい。

　銀行や証券会社，保険会社などの経営が破綻した場合，それをそのまま放置すると，日本経済全体が混乱することになる。そこで，(a)金融機関が万一破綻しても，消費者を保護するためのしくみが設けられている。たとえば金融機関の経営が破綻した場合には，定期預金や利息のつく普通預金などは，預金者1人あたりにつき(b)一定の額の元本と破綻日までの利息が預金保険機構によって保護されている。

(1)　下線部(a)を何というか，次のなかから適切なものを一つ選びなさい。

　ア．セキュリティトークン　　イ．セーフティネット　　ウ．ディスクロージャー

....

(2)　下線部(b)の金額として，最も適切なものを次のなかから一つ選びなさい。

　ア．500万円　　イ．1,000万円　　ウ．2,000万円

....

第4節　資金調達と金融取引

▶▶5　電子記録債権

基本問題

問1　次の文章で正しいものには○を，間違っているものには×をつけなさい。

⑴　紙媒体の手形には，作成や交付，保管にコストがかかるが，盗難や紛失といったリスクはまったくない。　　　　　　　　　　　　　　　　　　　　　　　　（　　　　）

⑵　電子記録債権は，債権者と債務者の双方が電子債権記録機関に「発生記録」の請求をし，電子債権記録機関が記録原簿に「発生記録」をすることにより発生する。　（　　　　）

⑶　電子記録債権を譲渡することは不可能である。　　　　　　　　　　　（　　　　）

⑷　電子記録債権の場合であっても，善意取得や人的抗弁の切断の効力は認められている。
　　　　　　　　　　　　　　　　　　　　　　　　　　　　　　　　　　（　　　　）

⑸　電子債権記録法には，電子債権記録機関の指定・監督等の規定も置かれている。（　　　　）

問2　次の文章の空欄にあてはまる語句を漢字6文字で答えなさい。

　企業が保有する手形債権や売掛金などを電子化し，ウェブ上で取引できるようにすることによって債権の流動化を促進し，事業者の円滑化を図ることを目的とする法律を◻◻◻法という。

　　　　　　　　　　　　　　　　　　　　　　　　　　　　　　　　　　　　　　法
　　　　　　　　　　　　　　　　　　　　　　　　　..

基本問題

問　次の文章を読み，問いに答えなさい。

　電子記録債権は，電子債権記録機関が保有する記録原簿に　①　をすることによって発生し，その内容はこの記録内容によって決まる。また，電子記録債権は第三者に譲渡することが可能であるが，その譲渡は　②　をしなければ，その効力が生じない旨が電子記録債権法によって定められている。

⑴　文中の　①　にあてはまる語句として，最も適切なものを次のなかから一つ選びなさい。

　　ア．発生請求　　　イ．登記　　　ウ．発生記録
　　　　　　　　　　　　　　　　　　　　　　　　..................

⑵　文中の　②　にあてはまる語句として，最も適切なものを次のなかから一つ選びなさい。

　　ア．移転登記　　　イ．譲渡記録　　　ウ．裏書
　　　　　　　　　　　　　　　　　　　　　　　　..................

第5節　組織再編と清算・再建

▶▶1　組織再編①

------【学習の要点】--

合併	2つ以上の会社が契約によって1つの会社に合体すること

基本問題

問　次の文章で正しいものには○を，間違っているものには×をつけなさい。

(1)　法人格の同一性を維持したまま，株式会社を持分会社に変更する場合と，持分会社を株式
　　会社に変更する場合を組織変更という。　　　　　　　　　　　　　　　　　（　　　）

(2)　組織変更する場合には，組織変更計画を作成しなければならないが，それを株主および会
　　社債権者の閲覧に供する必要はない。　　　　　　　　　　　　　　　　　　（　　　）

(3)　組織変更をおこなう場合，株式会社の場合には株主の過半数以上，持分会社の場合には総
　　社員の同意を得て，会社債権者異議手続をおこなわなければならない。　　　（　　　）

(4)　会社の合併には，1つの会社が存続してほかの会社が消滅する新設合併と，すべての会社
　　が消滅する吸収合併がある。　　　　　　　　　　　　　　　　　　　　　　（　　　）

(5)　合併するには，合併契約を締結し，その内容を開示して株主および会社債権者の閲覧に供
　　した後，原則として株主総会の普通決議を得なければならない。　　　　　　（　　　）

(6)　消滅会社においては，合併は解散と変わらないので，清算手続をおこなう必要がある。
　　　　　　　　　　　　　　　　　　　　　　　　　　　　　　　　　　　　　（　　　）

(7)　吸収分割の場合には分割契約を締結し，新設分割の場合には分割計画を作成する必要があ
　　る。　　　　　　　　　　　　　　　　　　　　　　　　　　　　　　　　　（　　　）

発展問題

**問　株主総会において合併を議決するには，議決権を行使できる株主の議決権の過半数を定足数
とし，出席株主の議決権の3分の2以上の賛成が必要となる。決議の方法として，次のなかか
ら適切なものを一つ選びなさい。** （商業経済検定第23回一部修正）

　　ア．普通決議　　　イ．特別決議　　　ウ．特殊決議　　　　　　　　　　..................

第5節 組織再編と清算・再建

▶▶1 組織再編②

【学習の要点】

株式交換	株式会社が発行済株式の全部を既存のほかの株式会社または合同会社に取得させること
株式移転	発行済株式の全部を新たに設立する株式会社に取得させること

基本問題

問　次の(1)~(5)について，下線部が正しいときは○を記入し，誤っているときは解答群から正しいものを選び記号で答えなさい。

(1)　株式交換・株式移転は，株主総会の普通決議による承認等により，親会社が子会社の100％を所有する完全親子会社関係を実現しやすくするためのものである。

(2)　事業譲渡は重要な財産の処分であるから，取締役会設置会社では取締役会の決議が必要とされ，株主総会の特別決議による承認を得なければならない。

(3)　事業譲渡に反対の株主には，株式買取請求権が認められている。

(4)　企業買収の対象となる会社の株式を取得する方法として，株式の公開買付や株式の譲受け以外に，対象とする会社の完全親会社になる株式交換などの方法がある。

(5)　買収される側の意向に関係なく，譲受企業が市場から株式を取得して強行する買収を友好的買収という。

【解答群】

ア．損害賠償請求権　イ．特別決議　ウ．株式移転　エ．監査役会

オ．敵対的買収

(1)………　(2)………　(3)………　(4)………　(5)………

発展問題

問　株式交換・株式移転に際して必要な株主総会の決議について，必要となる最低の得票数を一つ選びなさい。　（商業経済検定第22回一部修正）

ア．出席株主の議決権の４分の３以上である。　イ．出席株主の議決権の過半数である。

ウ．出席株主の議決権の３分の２以上である。

………

_第5_節 組織再編と清算・再建

▶▶2 企業の清算・再建

- - -【学習の要点】- -

| 法的整理 | 裁判所の関与のもとで法律にしたがって倒産手続を進める方法。破産・特別清算・民事再生・会社更生の4種類がある。 |

| 基本問題

問　次の文章で正しいものには○を，間違っているものには×をつけなさい。

⑴　倒産処理の方法として，裁判所の関与のもとで法律にしたがって倒産手続を進める私的整理と，債権者と債務者の話し合いによって利害調整をおこないながら処理を進める法的整理がある。　　　　　　　　　　　　　　　　　　　　　　　　　　　　　（　　　）

⑵　債務者などの申立てにより，裁判所が当該債務者に破産手続開始の原因があると認めた場合に，破産手続開始決定をおこなう。　　　　　　　　　　　　　　　　　（　　　）

⑶　債務者自身の申立てによる破産を債権者破産，債権者の申立てによる場合を自己破産，会社役員が会社の破産手続開始決定の申立てをおこなった場合を準自己破産という。（　　　）

⑷　破産は，破産手続開始決定に始まり，破産管財人が債務者の財産を債権者に分配することで終結する。　　　　　　　　　　　　　　　　　　　　　　　　　　　　（　　　）

⑸　破産において，債務者の財産が少なく破産手続の費用にも足りない場合には，破産手続を進める意味がないので，破産手続開始決定と同時に破産手続を終了させる決定をする。これを同時廃止という。　　　　　　　　　　　　　　　　　　　　　　　　　　　（　　　）

⑹　民法に規定されている特別清算は，解散して清算手続に入った株式会社に債務超過の疑いがある場合などに，裁判所の監督下で清算業務をおこなう再建型の手続である。（　　　）

⑺　破産は，破産管財人を選任して債務者の全財産を平等に債権者に分配するのに対して，特別清算は，破産管財人を選任せずに清算人がそのまま清算手続をおこない，債権者の多数決で分配額が決定される。　　　　　　　　　　　　　　　　　　　　　　　　（　　　）

⑻　民事再生は，株式会社などの法人だけが利用できる。　　　　　　　　　　（　　　）

⑼　会社更生法にもとづき，再建の見込みのある株式会社について，事業の維持・再建を目的としておこなわれる手続を会社更生という。　　　　　　　　　　　　　　　（　　　）

⑽　会社更生では，旧経営陣が中心となって再建を目指すことになる。　　　　（　　　）

第6節　競争秩序の確保

▶▶1　企業活動の制限①

--- 【学習の要点】 --

- 公正で自由な競争秩序を確保するため，市場の独占など自由な競争を妨げる行為を制限する独占禁止法，不正競争防止法，景品表示法などが制定されている。

基本問題

問　次の(1)〜(4)について，下線部が正しいときは○を記入し，誤っているときは解答群から正しいものを選び記号で答えなさい。

(1)　事業者が，他の事業者の事業活動を排除したり，支配したりして，公共の利益に反して，一定の取引分野における競争を実質的に制限することを<u>公的独占</u>という。

(2)　国・地方公共団体などの公共工事や物品の公共調達に関する入札にさいして，事前に受注事業者や受注金額などを決める行為を<u>カルテル</u>という。

(3)　<u>警察庁</u>は，事業者に対し，私的独占および不当な取引制限に違反した場合には，当該行為の差止め，事業の一部の譲渡その他これらの規定に違反する行為を排除するために必要な措置を命じることができる。

(4)　差別対価，不当廉売，再販売価格拘束，優越的地位の濫用などは，いずれも<u>金融商品取引法</u>で禁止されている。

【解答群】

ア．独占禁止法　　　イ．公正取引委員会　　　ウ．入札談合　　エ．私的独占　　　オ．取引拒絶

(1) ....　　(2) ....　　(3) ....　　(4) ....

応用問題

問　次の(1)〜(5)のうち，条件にあてはまるものには A，それ以外には B を記入しなさい。

【条件】独占禁止法に定める不公正な取引方法

(1)　供給に関する共同の取引拒絶　　　(2)　不当廉売

(3)　入札談合　　　　　　　　　　　(4)　カルテル

(5)　商品・役務の継続的な供給に関する差別対価

(1) ....　　(2) ....　　(3) ....　　(4) ....　　(5) ....

第 **6** 節 # 競争秩序の確保

▶▶**1**　企業活動の制限②

- - -【学習の要点】- -

- 健全で公正な競争秩序を確保するために企業活動を制限する法律として，**不正競争防止法**や**景品表示法**がある。

基本問題

問　次の⑴〜⑸について，下線部が正しいときは○を記入し，誤っているときは解答群から正しいものを選び記号で答えなさい。

⑴　事業者間の公正な競争およびこれに関する国際約束の的確な実施を確保するため，不正競争の防止および不正競争に係る損害賠償に関する措置等を講じる<u>独占禁止法</u>が制定されている。

⑵　地域でよく知られたカニの看板（商標登録不要）と似た看板をカニ料理店が掲げる行為は，<u>周知な商品等表示の混同惹起</u>にあたる。

⑶　世界的に有名な香水の名称（商標登録不要）をレストランの店名に用いる行為は，<u>商品形態模倣品の提供</u>にあたる。

⑷　不当な景品類および表示による顧客の誘因を防止する法律は，<u>消費者契約法</u>である。

⑸　商品または役務の品質，規格その他の内容について，実際のものよりも著しく優良であると示し，または事実に相違して他の事業者に係るものよりも著しく優良であると示す表示を<u>有利誤認表示</u>という。

【解答群】

ア．優良誤認表示　　　イ．不正競争防止法　　　ウ．信用毀損行為

エ．著名な商品等表示の冒用　　　オ．不当景品類及び不当表示防止法

(1) ……………　(2) ……………　(3) ……………　(4) ……………　(5) ……………

応用問題

問1　次の文章を読み，問いに答えなさい。

　ある中古自動車販売業者は，実際には30万km以上走行している中古車の走行メーターに細工をおこない，走行距離を1万kmとして表示した。これは景品表示法においては　①　に該当す

る。

　また，ある金融機関の外貨建定期預金の受取利息について，手数料を含めずに表示したが，手数料を含めて計算すれば，実質的な受取利息は表示した額の4分の1程度だった。これは景品表示法においては　②　に該当する。

(1)　文中の　①　にあてはまる語句として，最も適切なものを次のなかから一つ選びなさい。

　　ア．優良誤認表示　　イ．信用毀損行為　　ウ．有利誤認表示

　　　　　　　　　　　　　　　　　　　　　　　　　　　　　　　　……………

(2)　文中の　②　にあてはまる語句として，最も適切なものを次のなかから一つ選びなさい。

　　ア．優良誤認表示　　イ．営業秘密侵害　　ウ．有利誤認表示

　　　　　　　　　　　　　　　　　　　　　　　　　　　　　　　　……………

問2　次の文章を読み，問いに答えなさい。

　家電量販店のAは，店舗内に陳列しているパソコンの一部に，実際の販売価格に対して，それを上回る価格に取消線をつけて併記することで，通常販売している価格よりもはるかに安いかのように表示していた。しかし，実際には取消線をつけた価格は架空のもので，通常販売している価格も実際の販売価格も同一だった。

　こうした取消線を付した価格の併記は，商品の価格などの取引条件が著しく有利な価格であるかのように，一般消費者が誤認する可能性がある。そこで，景品表示法では，　①　として，こうした表示を規制している。

　もし，景品表示法に違反した行為があった場合には，内閣総理大臣は，当該事業者に対してその行為の差止めや再発防止策の実施などを命じることができる。また，商品または役務の売上高に3％を乗じた額を課徴金として国庫に納付するように命じる　②　が出される。

(1)　文中の　①　にあてはまる語句として，最も適切なものを次のなかから一つ選びなさい。

　　ア．優良誤認表示　　イ．有利誤認表示　　ウ．信用毀損行為

　　　　　　　　　　　　　　　　　　　　　　　　　　　　　　　　……………

(2)　文中の　②　にあてはまる語句として，最も適切なものを次のなかから一つ選びなさい。

　　ア．課徴金納付命令　　イ．代金減額請求　　ウ．技術的制限手段

　　　　　　　　　　　　　　　　　　　　　　　　　　　　　　　　……………

第**6**節 **競争秩序の確保**

▶▶**2** 知的財産の保護①

- - -【学習の要点】- -

知的財産権	産業財産権	特許権	発明を保護（出願の日から20年，一部25年に延長）
		実用新案権	考案を保護（出願の日から10年）
		意匠権	意匠の保護（登録の日から20年）
		商標法	マークなどの保護（登録の日から10年）
	著作権	著作権	著作物を他人に無断で使用させない権利
		著作者人格権	著作物の公表を決定する権利など
		著作隣接権	著作物を利用する者を保護

┊ 基本問題

問1　次の(1)〜(5)について，下線部が正しいときは○を記入し，誤っているときは解答群から正しいものを選び記号で答えなさい。

(1)　発明，考案，著作など，人間の知的創造活動によって生み出された有形のものが経済的利益をもたらす場合，その利益に対する支配権を知的財産権という。

(2)　営業標識についての権利には，商品やサービスで使用するマークなどを保護する意匠権などがある。

(3)　特許権，著作権，意匠権，商標権は，とくに産業上の無形の利益を保護するものであることから，産業財産権とよばれる。

(4)　新しい機械や器具を発明し，特許庁に最初に出願して特許原簿に設定の登録をすると，特許権が与えられる。

(5)　特許権の存続期間は，登録の日から10年（一部25年に延長）で，この期間が経過したときは消滅する。

【解答群】

ア．20年　　イ．商標権　　ウ．意匠権　　エ．実用新案権　　オ．所有権

(1)	(2)	(3)	(4)	(5)

問2　次の文章で正しいものには○を，間違っているものには×をつけなさい。

(1) 物品の形・構造，または組み合わせの方法によって，実用的な製品を考案し，特許庁に出願して実用新案登録をすると，実用新案権を取得する。 （　　　）

(2) 実用新案権は，新しく工夫した栓抜きやカッターなど，特許権よりも高度な発明を保護するもので，実用新案権の存続期間は，出願の日から10年である。 （　　　）

(3) 特定の業者が製造・販売している商品であることを示すため商品につけるマークや，特定の業者が提供している役務だとわかるようなサービスマーク（標章）を意匠という。

（　　　）

(4) 意匠を考案し，意匠原簿に設定登録をすると，意匠権が発生する。 （　　　）

(5) 思想または感情を創作的に表現したものであって，文芸，学術，美術または音楽の範囲に属するものを著作物という。 （　　　）

発展問題

問1　商標権の存続期間は何年か，次のなかから正しいものを一つ選びなさい。

（商業経済検定第32回一部修正）

　　ア．10年　　　イ．20年　　　ウ．30年　　　　　　　　　　　　　　……………

問2　次の文章を読み，問いに答えなさい。 （商業経済検定第28回一部修正）

　A社は百貨店や大型スーパーにエスカレーターを設置している。このエスカレーターの階段部分には細い溝が設けられている。また，上りのエスカレーターに乗ると，かかとに近い後端部のライン部分に凸状の加工がある。この加工技術は特許権の登録がされており，靴底が濡れている場合でも滑りにくくしてある。この考案は，A社が特許庁に登録し，(a)特許出願の日から，一定の期間，独占して製造や販売をすることができる産業財産権として保護されている。産業財産権に属している権利には特許権のほかに(b)商標権や実用新案権，意匠権などがあり，いずれの権利も産業の発展に寄与するために存在しているのである。

(1) 下線部(a)の期間は何年か，次のなかから正しいものを一つ選びなさい。

　　ア．20年　　　イ．30年　　　ウ．50年　　　　　　　　　　　　　　……………

(2) 下線部(b)の説明として，次のなかから適切なものを一つ選びなさい。

　ア．新しい工夫の鉛筆とか缶切りというように，品物の形や構造についての実用的な産業上の新しい考案を独占して使用することができる権利。

　イ．品物の形や模様，色やこれらを結合したものなどについて視覚を通じて美感をおこさせる産業上の考案を独占して使用することができる権利。

　ウ．商品につける特別のマークや立体看板，特定の業者が提供している役務であることがわかるマークを独占して使用することができる権利。　　　　　　……………

第6節　競争秩序の確保

▶▶2　知的財産の保護②

- - -【学習の要点】- -

- 知的財産権侵害に対する対抗手段
  ①侵害行為を差し止めるための差止請求権　　②損害賠償請求権
  ③信用回復・名誉回復の措置　　　　　　　　④刑事告訴

基本問題

問1　次の(1)〜(5)について，下線部が正しいときは○を記入し，誤っているときは解答群から正しいものを選び記号で答えなさい。

(1)　ノートパソコンのデザインが特許庁に登録されていれば，<u>実用新案権</u>がある。

(2)　<u>有体物</u>は，容易に模倣され，しかも多数の者に同時に利用されやすい。

(3)　知的財産権の侵害に対する対抗手段として，権利者には，①侵害行為を差し止めるための<u>差止請求権</u>，②損害賠償請求権，③信用回復・名誉回復の措置，④刑事告訴などが認められている。

(4)　特許権，実用新案権，回線配置利用権，プログラムの著作物に関する著作権等の技術的な知的財産にかかる訴訟について地方裁判所が扱うべき事件に関しては，東京地方裁判所もしくは<u>名古屋地方裁判所</u>が第一審の専属管轄を有する。

(5)　知的財産にかかる訴訟の控訴審は東京高等裁判所の特別支部として設置された<u>知的財産高等裁判所</u>が管轄する。

ア．無体物　　イ．大阪地方裁判所　　ウ．建物買取請求権　　エ．実用新案権
オ．意匠権

(1)　　　　　　(2)　　　　　　(3)　　　　　　(4)　　　　　　(5)

問2　次の文章を読み。問いに答えなさい。

私たちがノートパソコンを購入する場合，最初にデザインが目に入り，次にブランドを認識し，処理能力や基本ソフトを確認して購入することが多い。そのパソコンは，デザインが特許庁に登録されていれば　①　があり，マークやサービスマークも登録されていれば　②　があることになる。また，処理能力を決定するCPU（中央処理装置）やメモリー（半導体記憶装置）は

もちろんのこと，ハードディスク，液晶ディスプレイなどには，メーカーが開発した技術が凝縮されており，　③　や実用新案権がある場合が多い。さらに，ソフトウェアメーカーが開発した基本ソフトウェアメーカーが開発した基本ソフトウェアやデータベースは　④　で保護されている。

(1)　文中の　①　にあてはまる最も適切な語句を一つ選びなさい。

　　ア．著作権　　イ．商標権　　ウ．意匠権

　　　　　　　　　　　　　　　　　　　　　　　　　　　　　　……………………

(2)　文中の　②　にあてはまる最も適切な語句を一つ選びなさい。

　　ア．著作権　　イ．商標権　　ウ．意匠権

　　　　　　　　　　　　　　　　　　　　　　　　　　　　　　……………………

(3)　文中の　③　にあてはまる最も適切な語句を一つ選びなさい。

　　ア．著作権　　イ．意匠権　　ウ．特許権

　　　　　　　　　　　　　　　　　　　　　　　　　　　　　　……………………

(4)　文中の　④　にあてはまる最も適切な語句を一つ選びなさい。

　　ア．商標権　　イ．意匠権　　ウ．著作権

　　　　　　　　　　　　　　　　　　　　　　　　　　　　　　……………………

発展問題

問1　新しい発明や考案，著作など，人間が考え出した無形のものが，経済的に利益をもたらす場合，その支配権が認められる。こうした権利を総称して何というか，漢字5文字で記入しなさい。

（商業経済検定第30回一部修正）

　　　　　　　　　　　　　　　　　　　　　　　　……………………………………

問2　次の文章を読み，問いに答えなさい。　　　　　　　（商業経済検定第26回一部修正）

　知的財産権には，著作権の他に，産業財産権と総称される4つの権利がある。これは，発明や考案による新しい技術や，新しいデザイン，ネーミングなど無形の利益に対する支配権であり，特許権，(a)実用新案権，意匠権，□□権からなる。これらの権利を，他人が侵害した場合，その相手に対して(b)差止請求をおこなうことが認められており，知的財産権を有する者や企業の利益を保護することにより，社会・文化の発展を図ることができる。

(1)　下線部(a)の管轄官庁はどこか，漢字3文字で答えなさい。

　　　　　　　　　　　　　　　　　　　　　　　　　　　　　……………………

(2)　文中の□□にあてはまる語句を漢字2文字で答えなさい。　　　　　　　　　権

　　　　　　　　　　　　　　　　　　　　　　　　　　　……………………

(3)　本文の主旨から，下線部(b)の説明として，正しいものを一つ選びなさい。

　　ア．他人が知的財産権を侵害している場合に，その相手に対して，侵害された損害額を請求する権利。

　　イ．他人が知的財産権を侵害している場合に，その相手に対して，侵害した行為をやめるよう請求する権利。

　　ウ．他人が知的財産権を侵害している場合に，その相手に対して，侵害する前の状態に戻すよう請求する権利。

　　　　　　　　　　　　　　　　　　　　　　　　　　　　　　……………………

税の種類と法人の納税義務

▶▶1 税の種類と分類

基本問題

問 次の文章で正しいものには○を，間違っているものには×をつけなさい。

(1) 国税には，住民税，事業税，固定資産税，地方消費税，自動車税などがある。 （　　　）

(2) 地方税は，都道府県税と市町村税（特別区税を含む）に分けられる。 （　　　）

(3) 間接税には，所得税，消費税，法人税，住民税などがある。 （　　　）

(4) 法人税は，株式会社などの法人の事業活動により得た所得に対して課される税である。ここでの所得とは，単純に事業収入から経費を引いたものである。 （　　　）

(5) 法人住民税は，事業所ごとに課される。 （　　　）

(6) 土地家屋などの固定資産の所有者に課される税を固定資産税というが，ここでいう固定資産には償却資産は含まれない。 （　　　）

(7) 固定資産税の納税義務者は，その年の1月1日に所有者として固定資産課税台帳に登録されている者である。 （　　　）

(8) 不動産取引において，売主が土地建物などの資産を売って譲渡益が生じた場合に課されるものとして不動産取得税がある。 （　　　）

発展問題

問 次の文章を読み，問いに答えなさい。 （商業経済検定第34回一部修正）

　法人が納める税金は，国税と地方税に大きく分けられる。国税の一つに，(a)法人税がある。この税金は，わが国の主要な税収源となっている。また地方税には，法人が，その事業所を置いている都道府県および市区町村に納める税金として，法人住民税がある。さらに，法人事業税や(b)法人が保有する土地や建物，機械装置などに課せられる税金などがある。

(1) 下線部(a)の説明として，次のなかから適切なものを一つ選びなさい。

　ア．法人が，一事業年度に得た利益（所得）に対して課せられる税金

　イ．法人が，一定金額以上の領収書発行または約束手形振出の場合に課せられる税金

　ウ．法人が，商品の販売やサービスの提供に対して課せられる税金 　…………………

(2) 下線部(b)を何というか，次のなかから正しいものを一つ選びなさい。

　ア．自動車税　　イ．固定資産税　　ウ．印紙税 　…………………

税の種類と法人の納税義務

▶▶2　税額決定の考え方・法人の納税義務

基本問題

問　次の文章で正しいものには○を，間違っているものには×をつけなさい。

(1)　経済力のある人により大きな負担を求めることを水平的公平という。　　　　　（　　　）

(2)　担税力をもとに税額を決定する制度として，累進課税制度がある。　　　　　（　　　）

(3)　日本では，課税対象額が一定額を超えた場合に，全体に対して一律に高い税率を適用している。　　　　　（　　　）

(4)　日本では，申告納税制度がとられていることから，納税者が自ら税務署へ所得等の申告をおこなうことにより，税額が確定し，この確定した税額を自ら納付することになる。

　　　　　（　　　）

(5)　課税処分には，税額を増額させる増額更正処分や，申告のない場合に納付税額を決定する決定処分，加算税の賦課決定処分などがある。これらの処分に不服があっても，不服申立てをすることはできない。　　　　　（　　　）

応用問題

問　次の文章を読み，問いに答えなさい。

(a)本店または主たる事務所が日本に所在する法人については，日本国内で生じた所得はもちろんのこと，海外で生じた所得についても納税義務が生じる。ただし，国際的な二重課税を防ぐため，海外で納付した税額は，一定の範囲で控除される。これを□□□□□□方式という。一方，外国法人の場合には，外国で生じた所得については納税義務がなく，日本国内での所得のみに課税される。(b)法人税については，納税者が自ら税務署へ所得等の申告をおこなうことで税額が確定し，確定した税額を自ら納付するのが原則である。

(1)　下線部(a)を何というか，次のなかから最も適切なものを一つ選びなさい。

　　ア．内国法人　　イ．普通法人　　ウ．公共法人

　　　　　　　　　　　　　　　　　　　　　　　　　　・・・・・・・・・・・・・・・・・・・・

(2)　文中の□□□□□□にあてはまる語句を漢字6文字で記入しなさい。

　　　　　　　　　　　　　　　　　　　　　　　　　　・・・・・・・・・・・・・・・・・・・・・・・・・・・・・・・・・・・・

(3)　下線部(b)を何というか，次のなかから最も適切なものを一つ選びなさい。

　　ア．賦課課税制度　　イ．源泉徴収制度　　ウ．申告納税制度

　　　　　　　　　　　　　　　　　　　　　　　　　　・・・・・・・・・・・・・・・・・・・・

第2節　法人税の申告と納付

▶▶1　企業会計と税務会計

基本問題

問　次の文章で正しいものには○を，間違っているものには×をつけなさい。

(1) 経営者や管理者の経営判断に資することを目的としておこなう会計を税務会計という。
（　　　）

(2) 税務会計においては，申告書の作成や課税所得を計算するために益金や損金を計算することに主眼が置かれる。
（　　　）

(3) 財務会計における収益・費用を，税務会計における益金・損金にそれぞれ調整し，財務会計上の利益を税務会計上の所得金額へと調整する手続きを，税務調整という。
（　　　）

(4) 税務調整において，加算調整の原因として，益金不算入と損金算入がある。
（　　　）

(5) 会計上の資産・負債の金額と税務上の資産・負債の金額の一時的なずれを永久差異という。
（　　　）

応用問題

問1　次の文章の空欄にあてはまる数字として，最も適切なものを解答群から一つずつ選び，記号で答えなさい。

A社の会計上の税引前当期純利益は，30,000,000円である。益金算入額が8,000,000円，損金算入額が4,500,000円，益金不算入額が1,000,000円，損金不算入額が7,000,000円であったとき，会計上の税引前当期純利益に，8,000,000円と ① 円を加算する。そして，その合計金額から4,500,000円と ② 円を減算すると，課税所得が計算できる。

このとき税額控除がなく，中間申告法人税額もなかった場合で，法人税率が20％とすると，納付するべき法人税額は ③ 円となる。

【解答群】

ア．1,000,000　　イ．7,900,000　　ウ．7,000,000　　①　　　　②　　　　③

問2　次の文章の空欄にあてはまる語句を漢字5文字で記入しなさい。

一時差異によって生じる将来における法人税等の増減効果を当期の決算に反映させる会計手続を　　　という。

第**2**節 **法人税の申告と納付**

▶▶▶**2** 法人税の申告と納付のしくみ

- - - 【学習の要点】 -

- 法人税申告書は別表一から二十まであり，別表一が確定申告書とよばれる。

▌基本問題

問1 次の⑴〜⑸について，下線部が正しいときには○を記入し，誤っているときは解答群から正しいものを選び，記号で答えなさい。

⑴ 株式会社は，各事業年度に係る計算書類を作成したうえで，<u>税務調整</u>をおこない，課税所得金額を計算する。

⑵ 法人税の申告期限および納期限は，原則として事業年度の終了の日の翌日から<u>3か月以内</u>である。

⑶ 法人税申告書は別表一から二十まであり，別表一が<u>事業報告書</u>と呼ばれる。

⑷ 税務調整や課税所得金額の計算は，<u>別表五</u>にておこなうことになる。

⑸ 決算期の会社の財政状態をあらわす計算書は貸借対照表である。

【解答群】

　ア．損益計算書　　　イ．2か月　　　ウ．確定申告書　　　エ．税効果会計　　　オ．別表四

　　　　　　　　　　　①　　　　　　②　　　　　　③　　　　　　④　　　　　　⑤

問2 次の文章で正しいものには○を，間違っているものには×をつけなさい。

⑴ 法人税の申告期限，納期限が土日祝日の場合は，その翌日が期限となる。　　　（　　　）

⑵ 法人税申告書は別表一から十九まであり，別表四が確定申告書とよばれる。　　（　　　）

⑶ 法人税申告書の作成において，税務調整，課税所得金額の計算は別表四にておこなう。

　　　　　　　　　　　　　　　　　　　　　　　　　　　　　　　　　　　　　（　　　）

⑷ 別表四および別表五（一）は，損益計算書と貸借対照表の関係に似ていることから，税務損益計算書，税務貸借対照表などとよばれる。　　　　　　　　　　　　　　（　　　）

⑸ 税務調整をおこない，課税所得金額を計算してから，最後に決算を確定し，各事業年度に係る計算書類を作成する。　　　　　　　　　　　　　　　　　　　　　　　（　　　）

第3節　消費税の申告と納付

▶▶▶1　消費税①

- - -【学習の要点】- -

消費税	商品の販売やサービスの提供などの取引（消費）に対して課税される税

基本問題

問1　次の(1)〜(5)について，下線部が正しいときには〇を記入し，誤っているときは解答群から正しいものを選び，記号で答えなさい。

(1)　消費税は，消費者が負担し，事業者が納付する<u>直接税</u>である。

(2)　事業者は，売上げにかかる税額から，仕入れにかかる税額を差し引いて，その差引額を納付する。このとき仕入れにかかる税額のことを<u>仕入税額控除</u>という。

(3)　消費税の納付義務が免除される事業者を<u>免税事業者</u>という。

(4)　基本的に，課税期間の基準期間における課税売上高が<u>1,000万円</u>以下の事業者は，その課税期間における取引等について納税義務が免除される。

(5)　新規開業や新規設立の場合には，<u>1年間</u>は課税期間の課税売上高がないことになるので，原則，その課税期間の納付義務は免除される。

【解答群】

ア．2年間　　イ．消費税課税事業者　　ウ．2,000万円　　エ．間接税

オ．欠損金の繰越控除　　(1)＿＿＿＿　(2)＿＿＿＿　(3)＿＿＿＿　(4)＿＿＿＿　(5)＿＿＿＿

問2　次の文章で正しいものには〇を，間違っているものには×をつけなさい。

(1)　消費税の納付のしくみは，清算・流通などの各取引段階で二重三重に税がかかるようになっている。　　　　　　　　　　　　　　　　　　　　　　　　　　　　　　（　　　）

(2)　納税義務が免除された結果，課税売上げにかかる消費税額よりも課税仕入れ等にかかる消費税が多くなる場合には，還付を受けることができない。　　　　　　　　　　（　　　）

(3)　寄付金や無償の取引などは，原則不課税である。　　　　　　　　　　　　（　　　）

(4)　土地や有価証券，商品券などの譲渡は，消費税の課税対象である。　　　　（　　　）

(5)　国内産業の衰退を防ぐため，外国貨物の引取りについては，輸入消費税が課される。

　　　　　　　　　　　　　　　　　　　　　　　　　　　　　　　　　　　　（　　　）

第 **3** 節

消費税の申告と納付

▶▶1　消費税②

- - -【学習の要点】- -

簡易課税制度	課税期間における課税売上げにかかる消費税額に，事業区分に応じた一定のみなし仕入率を乗じた金額を，課税仕入れ等にかかる消費税額とみなして計算する方法

┃ 基本問題

問1　次の⑴〜⑸について，下線部が正しいときには〇を記入し，誤っているときは解答群から正しいものを選び，記号で答えなさい。

⑴　消費税の納付税額は，原則として売上税額から<u>損金</u>を差し引いて計算する。

⑵　消費税における仕入税額の簡易な計算方法として，課税期間における課税売上げにかかる消費税額に，事業区分に応じた一定の<u>みなし仕入率</u>を乗じた金額を，課税仕入れ等にかかる消費税額とみなして計算する方法もある。

⑶　課税事業者は，課税期間ごとにその課税期間の終了の翌日から<u>3か月</u>以内に納税地を所轄する税務署長に消費税の確定申告書を提出し，その税金を納付しなければならない。

⑷　簡易課税制度は，基準期間の課税売上高が<u>3,000万円</u>以下の事業者が選択できる。

⑸　個人事業主の場合，消費税の申告・納付の期限は2月末日ではなく，<u>3月31日</u>に延長されている。

【解答群】

ア．5,000万円　　イ．2か月　　ウ．6月30日　　エ．仕入税額　　オ．売上原価率

⑴	⑵	⑶	⑷	⑸

問2　次の文章で正しいものには〇を，間違っているものには×をつけなさい。

⑴　簡易課税制度を選択しようとする事業者は，適用を受けようとする課税期間の初日の前日までに，納税地の所轄税務署長に対し，消費税簡易課税制度選択届出書を提出する必要がある。　　　　　　　　　　　　　　　　　　　　　　　　　　　　　　　（　　　）

⑵　輸入取引における消費税（輸入消費税）は，保税地域を所轄する税関長に申告書を提出し，その貨物を引き取った後に，国に納付する。　　　　　　　　　　　　（　　　）

⑶　軽減税率の対象は，経済成長に大きな影響力をもつ鉄鋼や原油などである。（　　　）

第1節　法令遵守（コンプライアンス）

▶▶1　法令遵守と説明責任

----【学習の要点】--

| コンプライアンス（法令遵守） | 企業が，法令を遵守して経済活動をおこなうこと |

基本問題

問1　次の文章で正しいものには○を，間違っているものには×をつけなさい。

(1)　法令を守るだけでなく，法令以外の社会規範やその企業が定めている規則・基準等を守ることも含めて，広く企業倫理を守ることをコンプライアンスとよぶ場合もある。　（　　　）

(2)　企業活動をおこなっていくさいには，コンプライアンスとともに，アカウンタビリティも重要である。アカウンタビリティは，善管注意義務ともいう。　（　　　）

(3)　企業の社会的責任を考えると，株式会社が説明すべき内容は，金銭の使途に限られず，企業活動の方針，内容，結果なども含まれる。　（　　　）

問2　次の文章を読み，下線部の内容として最も適切なものを一つ選びなさい。

　会社法第362条5項では，「取締役の職務の執行が法令及び定款に適合することを確保するための体制その他株式会社の業務の適正を確保するために必要なものとして法務省令で定める体制の整備」を取締役会の専決事項として定めている。

　　ア．説明義務　　　イ．内部統制システム構築義務　　　ウ．競業避止義務　　　..................

発展問題

問　次の文章を読み，問いに答えなさい。　　　　　　　　　（商業経済検定第32回一部修正）

　Aが勤務先のミーティングで，常々(a)企業は，法令を遵守し，企業倫理に則り，社会全体への影響を配慮しながら事業活動をおこなう社会的責任を負っていると言われている。また，違法な行為や不祥事を引き起こした場合，利害関係者に損害を賠償するだけでなく，(b)違法活動や不祥事の原因，事件の経緯や事実関係などの情報を公表する責任があるとも言われている。

(1)　下線部(a)を何というか，次のなかから適切なものを一つ選びなさい。

　　ア．使用者責任　　　イ．コンプライアンス　　　ウ．インサイダー取引　　　..................

(2)　下線部(b)を何というか，次のなかから適切なものを一つ選びなさい。

　　ア．ネガティブオプション　　　イ．アカウンタビリティ　　　ウ．クーリングオフ　　　..................

第 **2** 節 ## 労働者の保護

▶▶1　労働基本権と労働基準法

- - -【学習の要点】- -

労働基準法	労働者が，人間らしい生活をするための最低の労働条件を定めた法律

基本問題

問　次の文章で正しいものには○を，間違っているものには×をつけなさい。

(1)　労働基本権は，さまざまな労働法の中心をなすものである。　　　　　（　　　）

(2)　労働者が，人間らしい生活をするための最低の労働条件を定めた法律を職業安定法という。　　　　　（　　　）

(3)　使用者が労働者と労働契約を締結するさいには，賃金については，何も説明する必要がない。　　　　　（　　　）

(4)　賃金は，毎月1回以上，期日を定めて，原則としてその全額を通貨で支払わなければならない。　　　　　（　　　）

応用問題

問　次の文章を読み，問いに答えなさい。

　使用者が労働者と□□□□を締結するさいには，労働者に対して，賃金，労働時間その他の労働条件を明示しなければならない旨が労働基準法に定められている。このときその契約に労働基準法が定める最低基準に達しない労働条件を定められている場合が問題になる。たとえば，休憩時間を除いて，1日9時間を労働時間とするような定めがあった場合である。

(1)　文中の□□□□にあてはまる語句として，最も適切なものを次のなかから一つ選びなさい。

　ア．委任契約　　　イ．有償契約　　　ウ．労働契約

　　　　　　　　　　　　　　　　　　　　　　　　　　……………………

(2)　下線部の説明として，最も適切なものを次のなかから一つ選びなさい。

　ア．法定の最低基準に達しない労働条件が定められていたので，その契約のすべてが無効となる。そのため契約書をすべて作り直さなければならない。

　イ．法定の最低基準に達しない労働条件の部分のみ，無効になり，無効になった部分は法定基準の1日8時間労働になる。

　ウ．1日9時間労働は無効だが，その代わりに週の労働時間が36時間に抑制されていれば，合法になる。

　　　　　　　　　　　　　　　　　　　　　　　　　　……………………

第2節　**労働者の保護**

▶▶2　労働組合法・労働関係調整法

- - -【学習の要点】- -

労働組合法	労働者が団体交渉その他の団体行動を目的として自主的に労働組合を組織し，団結することを擁護するために制定された法律
労働関係調整法	労働関係の公正な調整を図り，労働争議を予防・解決して産業の平和を維持し，もって経済の興隆に寄与することを目的とした法律

基本問題

問1　次の文章の空欄にあてはまる語句を解答群から一つずつ選び，記号を記入しなさい。

(1)　憲法 28 条は，勤労者の団結権，（　①　），団体行動権（争議権）という労働三権を保障している。

(2)　労働者の団結権などを侵害する使用者の行為を（　②　）といい，禁止されている。

(3)　労働組合と使用者またはその団体との間で結ばれた，労働条件などに関する書面による協定を（　③　）という。

(4)　労働関係の公正な調整を図り，労働争議を予防・解決して産業の平和を維持し，もって経済の興隆に寄与することを目的とした法律を（　④　）という。

(5)　厚生労働省に設置された労働委員会のことを（　⑤　）という。

【解答群】

　ア．労働関係調整法　　　イ．不当労働行為　　　ウ．団体交渉権　　　エ．労働協約

　オ．中央労働委員会

①　　　　　　　②　　　　　　　③　　　　　　　④　　　　　　　⑤

問2　次の(1)〜(5)のうち，条件にあてはまるものには A を，それ以外には B を記入しなさい。

【条件】争議行為に具体的に該当する行為

(1)　黄犬契約　　(2)　同盟罷業（ストライキ）　　(3)　作業所閉鎖（ロックアウト）

(4)　怠業（サボタージュ）　　(5)　就業規則

(1)　　　　　　(2)　　　　　　(3)　　　　　　(4)　　　　　　(5)

問3　次の文章で正しいものには○を，間違っているものには×をつけなさい。

(1)　労働者が主体となって，自主的に労働条件の維持・改善，その他経済的地位の向上を図ることを主たる目的として組織する団体または連合体を労働組合という。　（　　　　）

(2)　役員など，使用者の利益を代表する者が参加しているもの，使用者から経理上の擁護を受けているもの，福利事業のみを目的とするものなども，労働組合と認められる。　（　　　　）

(3)　労働協約は，組合と使用者との間の団体契約であるが，その効力は使用者と個々の労働者との間の労働契約にも及ぶ。ただし，労働協約の効力が就業規則に及ぶことはない。

（　　　　）

(4)　団体交渉で話し合いがまとまらないと，労働組合は争議行為に入ることができる。

（　　　　）

応用問題

問　次の文章の空欄にあてはまる数字として，最も適切なものを一つ選び，記号を記入しなさい。

　常時□□□人以上の労働者を使用する使用者には，就業規則の作成義務と行政官庁への届出義務が課されている。

　【解答群】　ア．5　　イ．10　　ウ．20

・・・・・・・・・・・・・・・

発展問題

問　次の文章を読み，問いに答えなさい。　　　　　　　　　（商業経済検定第10回一部修正）

　労働三法の第1条は，それぞれ次のようになっている。

　　① …「労働条件は，労働者が人たるに値する生活を営むための必要を充たすべきものでなければならない」。

　　② …「この法律は，（省略）労働争議を予防し，又は解決して，産業の平和を維持し，もって経済の興隆に寄与することを目的とする」。

　　③ …「この法律は，労働者が使用者との交渉において対等の立場に立つことを促進することにより労働者の地位を向上させること，（省略）を目的とする」。

　また，　① 第89条では，常時10人以上の労働者を使用する使用者に対して，労働条件を記載した　④ 規則の作成と，労働基準監督署への提出義務を課している。

(1)　文中の　① ～　③ にあてはまる法律名の組み合わせとして，最も適切なものを一つ選びなさい。

　　ア．①労働基準法・②労働組合法・③労働関係調整法

　　イ．①労働組合法・②労働関係調整法・③労働基準法

　　ウ．①労働基準法・②労働関係調整法・③労働組合法

・・・・・・・・・・・・・・・

(2)　文中の　④ にあてはまる語句を，次のなかから一つ選びなさい。

　　ア．就業　　イ．雇用　　　ウ．労働

・・・・・・・・・・・・・・・

第2節　労働者の保護

▶▶3　労働者保護に関する規定と考え方①

- - -【学習の要点】- -

労働時間	労働者が使用者の指揮命令下において労務を提供する時間

基本問題

問1　次の文章の空欄にあてはまる語句を解答群から一つずつ選び，記号を記入しなさい。

(1)　労働契約や就業規則により定められる始業から終業までの時間を（　①　）といい，そこから休憩時間を除いたものを（　②　）という。

(2)　（　③　）とは，労働の義務がない日である。

(3)　（　④　）とは，法律で認められた休暇のことである。

(4)　産前産後休暇について，使用者は，産前（　⑤　）週間の女性が休業を請求した場合，就業させてはならない。

【解答群】

　ア．6　　イ．休日　　ウ．法定休暇　　エ．所定労働時間　　オ．所定就業時間

　　　　　　　　　①　　　　　　②　　　　　　③　　　　　　④　　　　　　⑤
　　　　　　　　…………………　…………………　…………………　…………………　…………………

問2　次の(1)〜(5)のうち，条件にあてはまるものには A，それ以外には B を記入しなさい。

【条件】法定休暇

(1)　育児休業　(2)　慶弔休暇　(3)　産前産後休業　(4)　リフレッシュ休暇　(5)　年次有給休暇

　　　　　　　　　(1)　　　　　　(2)　　　　　　(3)　　　　　　(4)　　　　　　(5)
　　　　　　　　…………………　…………………　…………………　…………………　…………………

発展問題

問1　労働基準法では，使用者は，6か月以上継続して勤務し，全労働日の8割以上出勤した労働者に対して，10から20労働日の休暇を与えることと定められている。この休暇を何というか，最も適切なものを一つ選びなさい。　　　　　　　　　　（商業経済検定第34回一部修正）

　ア．年次有給休暇　　イ．夏季休暇　　ウ．育児・介護休暇

　　　　　　　　　　　　　　　　　　　　　　　　　　　　　　　………………………

問2　法定労働時間の内容として，最も適切なものを次のなかから一つ選びなさい。

　　　　　　　　　　　　　　　　　　　　　　　　　　（商業経済検定第20回一部修正）

　ア．一週50時間労働　　イ．一週40時間労働　　ウ．一週45時間労働

　　　　　　　　　　　　　　　　　　　　　　　　　　　　　　　………………………

第2節　労働者の保護

▶▶3 労働者保護に関する規定と考え方②

- - -【学習の要点】- -

業務災害	労働者が業務を原因として被った傷病などのこと
通勤災害	通勤によって労働者が被った傷病などのこと

基本問題

問　次の文章の空欄にあてはまる語句を解答群から一つずつ選び，記号を記入しなさい。

(1) 就業規則に必ず記載しなければならない始業・就業の時刻や休憩時間などのことを，（　①　）という。

(2) 労働者が業務を原因として被った負傷，疾病，障害，死亡のことを（　②　）という。

(3) 通勤中の事故など，通勤によって労働者が被った傷病のことを（　③　）という。

(4) 労働者が労働災害により損害を被った場合に備えて，労働者災害補償保険法に，（　④　）が設けられている。

【解答群】

ア．労働基準監督署長　　イ．絶対的必要記載事項　　ウ．通勤災害　　エ．業務災害

オ．労働者災害補償保険（労災保険）制度

①　　　　　　　②　　　　　　　③　　　　　　　④
....　　...............　　...............　　...............

発展問題

問　次の文章を読み，問いに答えなさい。　　　　　　　　　　（商業経済検定第27回一部修正）

高校卒業後にA社に入社予定のBは，入社前の新入社員研修に参加した。その際に配付された資料には，会社の経営方針や業務内容のほかに，(a)始業および終業の時刻，休憩時間，賃金の計算および支払い方法，退職に関することなど，A社で勤務するルールが載っていた。

まず人事部長から，「当社は(b)労働者の生存権を保障するために労働条件の基準を定めた法律に則り，働きやすい職場をめざしています」と，A社の詳しい労働条件について説明を受けた。

(1) 下線部(a)を何というか，次のなかから適切なものを一つ選びなさい。

　　ア．労働安全規則　　イ．採用基準　　ウ．就業規則　　　　　　...............

(2) 下線部(b)を何というか，漢字5文字で正しい法律名を答えなさい。　　　...............

第2節　労働者の保護

▶▶▶4　その他の主要労働法

基本問題

問　次の文章の空欄にあてはまる語句を解答群から一つずつ選び，記号を記入しなさい。

(1)　（　①　）は，労働者が性別により差別されることなく，また，女性労働者にあたっては母性を尊重されつつ，充実した職業生活を営むことができるようにすることをその基本理念としている。

(2)　事業主が雇用する労働者であって，労働者派遣の対象となるものを（　②　）という。

(3)　労働者派遣事業では，派遣労働者は（　③　）と労働契約を締結し，雇用される。

(4)　派遣元企業は，派遣先企業と（　④　）を締結し，業務内容・就業場所・指揮命令者・派遣期間・就業日・就業の開始および終了時間ならびに休憩時間などを定める。

(5)　派遣可能期間は，原則として（　⑤　）である。

【解答群】

　ア．男女雇用機会均等法　　　イ．派遣労働者　　　ウ．３年　　　エ．労働者派遣契約
　オ．派遣元企業　　　　　　①…………　②…………　③…………　④…………　⑤…………

応用問題

問　労働者派遣法の定めとして，最も適切なものを次のなかから一つ選び，記号を記入しなさい。

　ア．派遣元企業は派遣労働者に対して，労働条件を口頭で説明した。

　イ．派遣元企業と派遣先企業は，労働基準法の規定については，無視することにした。

　ウ．派遣元企業は，同一の派遣労働者を，派遣先企業の営業部第一課に２年４か月にわたり派遣し，その後別の企業にその派遣労働者を派遣した。
　　　　　　　　　　　　　　　　　　　　　　　　　　　　　　　…………

発展問題

問　事業主が従業員の募集・採用，配置・昇進などをおこなうさいには，男女同じ扱いをする旨を定めている法律として，最も適切なものを次のなかから一つ選びなさい。

（商業経済検定13回一部修正）

　ア．男女雇用機会均等法　　　イ．育児・介護休業法　　　ウ．労働組合法
　　　　　　　　　　　　　　　　　　　　　　　　　　　　　…………

第**2**節　**労働者の保護**

▶▶5　働き方改革

基本問題

問　次の文章の空欄にあてはまる語句を解答群から一つずつ選び，記号を記入しなさい。

(1)　わが国では，長らく，終身雇用，年功序列賃金，（　①　）を柱とする経営がおこなわれ，高度経済成長を支えてきた。

(2)　働く貧困層ともいわれ，正社員として，あるいは正社員並みにフルタイムで働いても，生活保護の水準にも満たない収入で，ぎりぎりの生活さえ困難な就労者を（　②　）という。

(3)　15歳〜34歳の若年（ただし，学生と主婦を除く）のうち，パート・アルバイト（派遣等を含む）および働く意思のある無職の人を（　③　）という。

(4)　労働者がそれぞれの事情に応じた多様な働き方を選択できる社会を実現するための改革を，（　④　）という。

(5)　同一企業内において，正規雇用労働者と非正規雇用労働者の間で，基本給や賞与などあらゆる待遇について不合理な（　⑤　）を設けることが禁止されている。

【解答群】

ア．フリーター　　イ．待遇差　　ウ．企業別労働組合　　エ．ワーキングプア
オ．働き方改革　　　　　①　　　　　②　　　　　③　　　　　④　　　　　⑤

応用問題

問　次の文章を読み，問いに答えなさい。

　最近では，就業機会の拡大や意欲と能力を発揮できる環境の整備が必要になってきている。そこで，(a)それぞれの事業に応じた多様で柔軟な働き方を選択できるようにする改革が進められている。この取り組みでは，長時間労働の是正や公正な待遇の確保が課題となっており，たとえば(b)時間外労働に関する規制や年次有給休暇を取得させる使用者の義務などが定められている。

(1)　下線部(a)を何というか，次のなかから最も適切なものを一つ選びなさい。

　　ア．構造改革　　　イ．働き方改革　　　ウ．司法制度改革

(2)　下線部(b)の説明として，次のなかから最も適切なものを一つ選びなさい。

　　ア．時間外労働の下限規制　　イ．時間外労働の上限規制　　ウ．時間外労働の全面禁止

第2節　労働者の保護

▶▶6　労働者保護の重要性と課題

基本問題

問　次の文章の空欄にあてはまる語句を解答群から一つずつ選び，記号を記入しなさい。

(1) （　①　）は，労働者が使用者に使用されて労働し，使用者がこれに対して賃金を支払うことについて，労働者および使用者が合意することによって成立する。

(2) 使用者からの申出による一方的な労働契約の終了を（　②　）という。

(3) 労働基準法の労働時間，休憩および休日に関する規定は，事業の種類にかかわらず，（　③　）には適用されない。

(4) 裁量労働制には，専門業務型裁量労働制と（　④　）の二種類がある。

(5) 「店長」などの肩書はあるものの残業代が支払われない立場の者を（　⑤　）という。

【解答群】

ア．企画業務型裁量労働制　　イ．解雇　　ウ．名ばかり管理職　　エ．管理監督者

オ．労働契約　　　　①　　　　②　　　　③　　　　④　　　　⑤

応用問題

問　次の文章を読み，問いに答えなさい。

外回りの営業など業務の内容によっては，その遂行の方法を労働者の裁量に委ねたほうがよい場合もある。これを裁量労働制といい，□□□型と(a)企画業務型の２種類がある。

この裁量労働制の場合，実際の労働時間にかかわらず，労働者は(b)始業から終業までの時間（休憩時間を除く）にわたり働いたものとしてみなされる。

(1) 文中の□□□にあてはまる用語として，最も適切なものを次のなかから一つ選びなさい。

ア．成果主義　　イ．年功序列　　ウ．専門業務

(2) 下線部(a)の説明として，最も適切なものを次のなかから一つ選びなさい。

ア．対象は厚生労働省令によって定められている。

イ．労働基準監督署長への届出は必要とされていない。

ウ．対象は法定されていないが，労働基準監督署長への届出は必要である。

(3) 下線部(b)を何というか，最も適切なものを次のなかから一つ選びなさい。

ア．所定労働時間　　イ．休憩時間　　ウ．手待時間

第3節　消費者の保護

▶▶▶1　消費者基本法・消費者契約法Ⅰ

基本問題

問　次の文章の空欄にあてはまる語句を解答群から一つずつ選び，記号を記入しなさい。

(1)　消費者保護基本法は，2004（平成16）年に改正されて，（　①　）となった。

(2)　消費者契約法は，事業者と消費者の間に締結されたすべての（　②　）（ただし，労働契約を除く）に適用される。

(3)　事業者の債務不履行または（　③　）により生じた損害賠償責任の全部または一部を免除し，またはその責任の有無の決定権を事業者に付与する条項は，消費者契約法では無効である。

(4)　事業者の債務不履行により生じた消費者の（　④　）を放棄し，またはその（　④　）の有無の決定権を事業者に付与する条項は，消費者契約法では無効である。

(5)　契約の解除にともなう損害賠償や（　⑤　）について，一定の限度を超える高額を予定した条項等は，その超えた部分は，消費者契約法では無効である。

【解答群】

ア．解除権　　イ．不法行為　　ウ．消費者基本法　　エ．違約金　　オ．消費者契約

　①……………　②……………　③……………　④……………　⑤……………

応用問題

問　次の文章の空欄にあてはまるはまる語句を，漢字2文字で記入しなさい。

　事業者の債務不履行より生じた消費者の解除権を放棄し，またはその解除権の有無の決定権を事業者に付与する条項は，□□□である。　　　　　　　……………………

発展問題

問　次の文章の□□□□にあてはまる法律名を漢字5文字で答えなさい。

（商業経済検定第22回一部修正）

　消費者の保護に関する法律が，わが国にはいくつかある。国や地方公共団体，事業者などが果たすべき責務を規定した消費者基本法や，事業者と消費者との間に締結された，ほぼすべての契約に適用される□□□法もそのうちの一つである。　　　　　　　……………………法

第3節　消費者の保護

▶▶2　消費者契約法Ⅱ

基本問題

問1　次の(1)〜(5)のうち，条件にあてはまるものには A，それ以外には B を記入しなさい。

【条件】断定的判断の提供

(1)　契約の目的となる物品の質について，事実と異なることを告げること。

(2)　現在は日照の良い土地であるが，近々隣地にマンションが建設され，日照が悪くなる可能性があることを告げなかったこと。

(3)　必ずしも確定的ではないが，契約の目的となる建物の価格が将来値上がりすると告げること。

(4)　消費者がその住居から退去するように要求したのに，退去しないで契約の申込みをさせたこと。

(5)　確実ではないが，契約の目的となる土地の近くに将来駅ができると告げること。

(1)	(2)	(3)	(4)	(5)

問2　次の文章で正しいものには○を，間違っているものには×をつけなさい。

(1)　消費者契約法では，事業者が重要事項について事実と異なることを告げたため，消費者が告げられた内容を事実であると誤認したときは，消費者契約は無効と定めている。（　　　）

(2)　消費者契約法では，事業者が断定的判断を提供したため，消費者がその内容を確実であると誤認したときは，消費者は契約の申込みまたは承諾の意思表示を取り消すことができるとしている。（　　　）

(3)　消費者契約法では，重要事項またはそれに関連する事項について，消費者の利益となる旨を告げ，かつ不利益になる事実を故意または重大な過失により告げなかった場合は，消費者契約は確定的に無効となる。（　　　）

(4)　加齢または心身の故障によりその判断力が著しく低下している者の生活維持に対する過大な不安をあおり，正当な理由なく，契約を締結しなければ生活維持が困難になる旨を告げることは，断定的判断の提供にあたり，消費者は契約の申込み・承諾の意思表示を取り消すことができる。（　　　）

(5)　消費者がその住居から退去するように要求したのに事業者が退去しない場合，消費者は契約の申込み・承諾を取り消すことができる。（　　　）

問1　次の文章を読み，問いに答えなさい。

　瑕疵ある意思表示の一つに強迫があり，民法では害悪を告げて人に恐怖心を抱かせる行為を□□□という。ただし，民法の規定では，社会通念上違法であることや相手方に畏怖を生じさせる行為といった抽象的な規定となっている。そのため消費者契約法では，「強迫」の内容や意味を拡張するとともに，その内容を困惑類型として具体化した。ただし，消費者契約法で困惑類型として具体化した後に，必ずしも「強迫」には該当しない(a)デート商法や(b)霊感商法，(c)認知病の高齢者に漬け込む悪質な商法などが問題になってきたため，消費者契約法の改正時にこれらも困惑類型に取り込まれて，現在に至る。

(1)　文中の□□□にあてはまる語句として，最も適切なものを次のなかから一つ選び，記号を記入しなさい。

　　ア．詐欺　　　イ．強迫　　　ウ．虚偽表示

....

(2)　下線部(a)の説明として，最も適切なものを次のなかから一つ選びなさい。

　　ア．不安をあおる告知として困惑類型に相当する。

　　イ．人間関係の濫用として困惑類型に相当する。

　　ウ．判断力の低下の不当な利用として困惑類型に相当する。

....

(3)　下線部(b)の説明として，最も適切なものを次のなかから一つ選びなさい。

　　ア．不退去・監禁として困惑類型に相当する。

　　イ．判断力の低下の不当な利用として，困惑類型に相当する。

　　ウ．霊感等による知見を用いた告知として，困惑類型に相当する。

....

(4)　下線部(c)の説明として，最も適切なものを次のなかから一つ選びなさい。

　　ア．判断力の低下の不当な利用として，困惑類型に相当する。

　　イ．不退去・監禁として困惑類型に相当する。

　　ウ．霊感等による知見を用いた告知として，困惑類型に相当する。

....

問2　次の文章を読み，問いに答えなさい。

　民法における取消権の行使期間は，追認が可能なときから□(1)□年または行為時から20年である。一方，消費者契約法上の取消権の行使期間は，追認が可能なときから□(2)□年か契約締結時から5年である。これは，消費者契約法のほうが民法よりも広い範囲で取消権が認められるので，早期に法律関係を安定させる必要があるからである。

(1)　文中の□(1)□にあてはまる数字を記入しなさい。

....

(2)　文中の□(2)□にあてはまる数字を記入しなさい。

....

第**3**節　**消費者の保護**

▶▶**3**　特定商取引法Ⅰ

- - -【学習の要点】- -

- 消費者被害が生じやすい取引について，特定商取引法や預託法はさまざまな規制を設けている。

| 基本問題

問1　次の(1)〜(5)のうち，条件にあてはまるものには A，それ以外には B を記入しなさい。

【条件】特定商取引法による訪問販売の規制

(1)　勧誘に先立つ氏名等の明示義務

(2)　不実告知・事実不告知の禁止

(3)　威迫の禁止

(4)　預託等取引の禁止

(5)　霊感商法の禁止

(1)……………………(2)……………………(3)……………………(4)……………………(5)……………………

問2　次の文章で正しいものには○を，間違っているものには×をつけなさい。

(1)　消費者の家庭，職場，路上など営業所等以外の場所で契約を締結する販売方法を訪問販売という。　　　　　　　　　　　　　　　　　　　　　　　　　　　　　　　（　　　）

(2)　駅前や繁華街の路上などで通行人を呼び止め，営業所へ連れ込んで契約するキャッチセールスや，販売目的であることを告げずに，有利な条件を提示して営業所等に呼び出すアポイントメントセールスも，ここでいう訪問販売に含まれる。　　　　　　　　　　　　（　　　）

(3)　訪問販売の規制の対象になるものは，原則として販売業者が販売するすべての商品と役務（サービス）提供事業者が有償で提供するすべての役務で，権利は含まれない。　（　　　）

(4)　政令で定められた特定権利には，スポーツ施設を利用する権利，語学の教授を受ける権利，映画や絵画を鑑賞する権利などがある。　　　　　　　　　　　　　　　　（　　　）

(5)　訪問販売では，契約しないとの意思表示をした相手方に対しては，その場での勧誘の継続や再訪は禁止されていない。　　　　　　　　　　　　　　　　　　　　　　　（　　　）

(6)　訪問販売の販売業者には書面を交付する義務が課され，売買契約を締結した消費者は，書面を受け取った日から3日間は，無条件で書面または電磁的記録によって申込みの撤回また

は契約の解除をすることができる。 （　　　）

(7) 通信販売は通常の店舗販売と異なり，消費者にとっては広告だけが商品購入の情報になるため，広告には，販売価格，代金支払いの時期および方法，商品の引渡し時期など，一定事項について明確な表示をすることが必要とされているが，広告宣伝の効果のため，若干の誇大広告は許容されている。 （　　　）

(8) 広告による勧誘が取引のきっかけになる通信販売では，販売事業者と電子メール広告受託事業者に対して，承諾をしていない者に対する電子メール広告やファクシミリ広告の提供を禁止している。 （　　　）

発展問題

問1　次の文章を読み，下線部のような販売方法を何というか，最も適切なものを一つ選びなさい。 （商業経済検定第25回一部修正）

　25歳の会社員Aは，休日に駅前を通行していると，エステティックサロンの店員に「アンケートに答えてくれませんか」と呼び止められ，近所の喫茶店に同行してアンケート用紙に記入することになった。その際，エステティックサロンの店員から，「もっと綺麗になりませんか」と話しをされ，30万円の美容器具の購入を勧められた。

　　ア．マルチまがい商法　　　イ．キャッチセールス　　　ウ．ネガティブオプション

....

問2　次の文章を読んで，問いに答えなさい。 （商業経済検定第4回一部修正）

　訪問販売では，セールスパーソンのしつような勧誘により，買い手の商品知識の不足や契約内容などに対する理解に両者間で相違があるまま契約が結ばれることがあるので，後でトラブルになることが多い。そこで，買主を保護するために，特定商取引法が制定されている。この法律によれば，買主はセールスパーソンの勧誘に応じて書面を受領した日から起算して　①　日を経過するまでは，契約を解除できることが認められている。これを　②　制度という。なお，割賦販売法でも同様の趣旨が定められている。

(1) 文中の　①　にあてはまる最も適切な数字を，次のなかから一つ選びなさい。

　　ア．7　　イ．8　　ウ．9　　エ．10

....

(2) 文中の　②　にあてはまる語句をカタカナ7文字で答えなさい。

......................制度

(3) 文中の　②　の説明として，最も適切なものを一つ選びなさい。

　　ア．訪問販売において，決められた期間内であれば，無条件で契約の解除ができる権利

　　イ．訪問販売において，決められた期間内でなくても，無条件で契約の解除ができる権利

　　ウ．商品を受け取ってから8日間以内であれば，契約の解除ができる権利

....

消費者の保護

▶▶▶4　特定商取引法Ⅱ

- - - 【学習の要点】 -

- 電話勧誘販売・連鎖販売取引・特定継続的役務提供・業務提供誘因販売取引・送付け商法
（ネガティブオプション）も特定商取引法によって規制されている。

:::: 基本問題 ::::

問1　次の文章の空欄にあてはまる語句を解答群から一つずつ選び，記号を記入しなさい。

(1)　販売業者が電話により勧誘をおこなって，契約を結ぶ販売方法を（　①　）という。

(2)　商品の買主に対し，商品を売ってくれれば利益を提供すると言い，商品の買主を新たな販
売員にすることを繰り返し，連鎖状に販売を拡大することを（　②　）という。

(3)　学習塾などのように，その目的の実現が必ずしも確実とはいえない役務（サービス）を
（　③　）という。

(4)　商品を購入すれば仕事を提供するといって高額な商品を購入させる内職・モニター商法を
（　④　）という。

(5)　売買契約を締結したわけでもないのに商品を勝手に送り付けて，「3日以内に返品しない
と売買契約が成立したものとみなします」といった書面を同封するような商法を送付け商法
あるいは（　⑤　）という。

【解答群】

　ア．業務提供誘引販売取引　　イ．特定継続的役務提供　　ウ．連鎖販売取引
　エ．電話勧誘販売　　オ．ネガティブオプション

　　　　　　　　①　　　　　　　②　　　　　　　③　　　　　　　④　　　　　　　⑤

問2　次の文章で正しいものには○を，間違っているものには×をつけなさい。

(1)　電話で勧誘して販売しようとする販売業者は，販売業者の名称，電話勧誘している者の氏
名，契約勧誘であることなどを告げなければならず，断られた場合には勧誘してはならな
い。　　　　　　　　　　　　　　　　　　　　　　　　　　　　　　　　　　（　　　）

(2)　電話勧誘販売においては，顧客から契約の申込みを受けたときは，訪問販売とは異なり，
一定の書面を交付する義務などは課されていない。　　　　　　　　　　　　　（　　　）

(3)　電話勧誘販売において，顧客は，クーリングオフ制度により，書面を受け取った日から8

日間は，無条件で解除することができる。 （　　　）

(4) 何度も何度も電話勧誘販売をおこなうことをマルチ商法という。 （　　　）

(5) 連鎖販売取引の勧誘をおこなう者に対しては，不実を告げる行為や，威迫する行為が禁止され，広告事項も規制されている。 （　　　）

(6) 連鎖販売取引では，買主は，契約書面（承諾があれば電磁的書面でもよい）を受け取った日から8日間は，無条件で契約を解除することができる。 （　　　）

(7) 業務提供誘引販売についても，不実告知や威迫行為が禁止され，広告が規制されている。 （　　　）

(8) ネガティブオプションの場合，商品の送付を受けた者は，商品を返還する義務を負う。 （　　　）

発展問題

問　次の文章を読んで，問いに答えなさい。 （商業経済検定第14回一部修正）

　Aさんがある日会社から帰宅すると，(a)注文した覚えがない百科辞典が宅配便でB出版社から届いており，「購入を希望しない場合には，直ちに返送してください。返送されない場合は，購入を承諾したものとみなします」という手紙が入っていた。Aさんは購入するつもりはなかったが，宅配便で送り返すのが面倒なので，そのまま放置していた。ところがその後，B出版社からひんぱんに代金を支払えという電話がかかってくる。そこで，(b)Aさんはどうすればよいのか消費生活センターに相談してみることにした。

(1) 下線部(a)のような販売活動を何というか，次のなかから適切なものを一つ選びなさい。

　ア．ネガティブオプション　　イ．キャッチセールス　　ウ．マルチ商法 ……………………

(2) 下線部(b)の相談に対して，最も適切と思われる回答を一つ選びなさい。

　ア．Aさんは，直ちに百科事典を返送しなかったので，受け取った日から14日以内に代金を支払わなければならない。

　イ．Aさんは，代金を支払う必要はない。また，百科事典を返送する必要もない。

　ウ．Aさんは，B出版社に対して引き取りを要求した日から7日間経過すると代金を支払う必要はなくなる。なお，百科事典はB出版社に送り返さなければならない。

……………………

第 **3** 節　**消費者の保護**

▶▶5　割賦販売法Ⅰ

- - -【学習の要点】- -

- 自社割賦，ローン提携販売，包括信用購入あっせん，個別信用購入あっせんなどを割賦販売法は規制している。

基本問題

問1　次の文章の空欄にあてはまる語句を解答群から一つずつ選び，記号を記入しなさい。

(1)　消費者が商品を購入した販売店に対して代金を後払いで支払う場合を（　①　）といい，（　②　）か月以上の期間にわたり，かつ，3回以上に分割して指定商品などの代金を支払うものが，割賦販売法の規制対象となる。

(2)　販売業者が消費者の保証人となり，販売業者の提携する金融機関から消費者が貸付けを受けて代金を一括して支払い，（　②　）か月以上の期間にわたり，かつ，3回以上に分割して返済するものを（　③　）という。

(3)　信販会社が消費者の申込みにより，あらかじめクレジットカードを交付しておき，消費者が信販会社と契約している販売業者から商品を購入した場合に代金を一括して立替払いし，消費者から分割払いで返済を受ける販売方法を（　④　）という。

(4)　エステティックサロンの施術を受ける権利やスポーツ施設を利用する権利，語学の教授を受ける権利などは，割賦販売法における（　⑤　）に相当する。

【解答群】

　　ア．包括信用購入あっせん　　イ．2　　ウ．ローン提携販売　　エ．自社割賦
　　オ．指定権利

①	②	③	④	⑤

問2　次の文章で正しいものには○を，間違っているものには×をつけなさい。

(1)　割賦販売は，代金の全額を用意しなくても商品を入手して使用できるという利点がある反面，割賦金の支払いができなくなったときなど，トラブルが起こりがちであることから，割賦販売法で規制されている。　　　　　　　　　　　（　　　）

(2)　2か月以上の期間にわたり，かつ，5回以上に分割して指定商品などの代金を支払う自社割賦は，割賦販売法の規制対象になる。　　　　　　　　　　　　　（　　　）

(3) 自社割賦の場合，商品の所有権は，代金の完済まで販売業者に留保されると推定される。

（　　　）

(4) ローン提携販売について，割賦販売法では取引条件の表示義務は定めているが，書面の交付義務は定めていない。

（　　　）

(5) 包括信用購入あっせんの場合で，購入した商品が引き渡されなかったり，欠陥があったりした場合，信販会社に対して立替金の支払いを拒むことができる。これを，同時履行の抗弁権という。

（　　　）

問3　次の(1)〜(5)のうち，条件にあてはまるものには A，それ以外には B を記入しなさい。

【条件】割賦販売法の適用を受ける取引

(1) ボーナス一括払いによる商品の購入

(2) 3か月間にわたり3回に分割して代金を支払う条件による商品の購入

(3) 6か月間にわたり2回に分割して代金を支払う条件による商品の購入

(4) クレジットカードで6か月にわたり6回に分割して代金を支払う条件による商品の購入

(5) 小売店が提携している金融機関から貸付を受けて商品の代金を支払い，2か月以上の期間にわたり3回以上に分割して返済する取引

(1)…………　(2)…………　(3)…………　(4)…………　(5)…………

応用問題

問　次の下線部のような販売方法を何というか，最も適切なものを一つ選びなさい。

25歳の会社員 A さんは30万円の美容器具の購入をエステティックサロンの店員から勧められた。A は自分にとって30万円は高額なため購入を断った。すると店員から，「クレジットカードがあれば，そちらの信販会社が代金30万円を一括して支払い，その後お客様は毎月分割払いで信販会社に返済するという方法もありますよ」という説明を受け，契約書にサインした。

ア．ローン提携販売　　イ．包括信用購入あっせん　　ウ．自社割賦

…………………

発展問題

問　割賦販売の説明として，次のなかから最も適切なものを一つ選びなさい。

（商業経済検定第29回一部修正）

ア．商品代金を2か月以上の期間にわたり3回以上の分割で，売買すること

イ．商品代金を2か月以上の期間にわたり2回以上の分割で，売買すること

ウ．商品代金を1か月以上の期間にわたり2回以上の分割で，売買すること

…………………

第**3**節　消費者の保護

▶▶▶6　割賦販売法Ⅱ・製造物責任法

------【学習の要点】--

- 製造物の欠陥による被害者を保護するために，製造物責任法が制定されている。

▎基本問題

問　次の文章の空欄にあてはまる語句を解答群から一つずつ選び，記号を記入しなさい。

(1)　訪問販売などの特定商取引による（　①　）に関する紛争が増加したため，規制も強化されている。

(2)　個別信用購入あっせんの（　②　）は包括信用購入あっせんの（　②　）と同じである。

(3)　製造物の（　③　）によって，人の生命，身体または財産に被害が生じた場合には，その製造物を製造，加工または輸入した業者は損害賠償責任を負う。

(4)　製造物責任の対象となる製造物は，製造または加工された動産で，不動産や無体物である（　④　）は除かれる。

【解答群】

ア．ソフトウェア　イ．欠陥　ウ．開発危険　エ．指定権利　オ．個別信用購入あっせん

①　　　　　　　　②　　　　　　　　③　　　　　　　　④

▎発展問題

問　次の文章を読み，問いに答えなさい。　　　　　　　　（商業経済検定第22回一部修正）

　現代においても製品の安全性を軽視する企業の不祥事が後を絶たない。そこで，安全性を欠いた製品によって，消費者の生命，身体または財産に損害が生じた場合に，被害者が製造会社に対して損害賠償を求めることができることを定めた法律がある。

(1)　下線部の法律を何というか，漢字6文字で答えなさい。

(2)　下線部の損害賠償責任を免れるものとして，最も適切なものを一つ選びなさい。

　ア．製造業者に過失がなかったとき

　イ．製品に製造業者として名称を表示したが，実は別の製造業者が製造していたとき

　ウ．当時の科学や技術の知見によっても，その欠陥が認識できなかったとき

第4節 情報の保護

▶▶▶1 個人情報保護法・不正アクセス禁止法など

- - - 【学習の要点】 -

- 個人情報保護法は，個人情報の適正かつ効果的な活用と，個人の権利利益の保護を目的とする法律である。

基本問題

問1　次の文章の空欄にあてはまる語句を解答群から一つずつ選び，記号を記入しなさい。

⑴　個人情報の対象となる本人は，（　①　）に対し，当該本人が識別される保有個人データの開示を求めることができる。

⑵　「不正アクセス行為」として，いわゆる（　②　）や，セキュリティホールを攻撃する行為が定められている。

⑶　ログインにおけるパスワードや，指紋，虹彩などを（　③　）という。

⑷　不正競争防止法では，周知な商品等表示の（　④　），著名な商品等表示の冒用，他人の商品形態を模倣した商品の提供などを不正競争行為としている。

⑸　秘密として管理されている生産方法，販売方法その他の事業活動に有用な技術上または営業上の情報であって，公然と知られていないものを，（　⑤　）という。

【解答群】

ア．混同惹起　　イ．識別符号　　ウ．営業秘密　　エ．個人情報取扱事業者

オ．なりすまし行為　　　①　　　　　②　　　　　③　　　　　④　　　　　⑤

問2　次の⑴〜⑸のうち，条件にあてはまるものには A，それ以外には B を記入しなさい。

【条件】不正競争防止法における不正競争行為

⑴　ドメイン名の不正取得

⑵　セキュリティホールへの攻撃行為

⑶　商品の原産地の誤認惹起表示

⑷　他人の識別符号を不正に保管する行為

⑸　代理人等の商標無断使用行為

　　　　　　　　　　⑴　　　　　⑵　　　　　⑶　　　　　⑷　　　　　⑸

第4節 情報の保護

▶▶2 情報の保護の重要性と課題

----【学習の要点】--

- 情報化社会をむかえ情報の保護や取扱いが重要になってきている。

┊ 基本問題

問1　次の文中の空欄にあてはまる語句を解答群から一つずつ選び，記号を記入しなさい。

⑴　自社の開発した営業秘密等に関する情報の管理については，（　①　）によって規律される。一方，顧客から得た個人情報の管理については，個人情報保護法が規律する。

⑵　不正競争行為に対する民事的措置としては，（　②　）や損害賠償請求，信用回復の措置などが定められている。

⑶　国際事件について，いかなる場合に日本の裁判所が管轄権を有するかといった問題を，（　③　）という。

⑷　国際司法により指定され，当該問題に適用される法律のことを（　④　）という。

⑸　情報漏洩に対する事前の予防策として，従業員との（　⑤　）や競業避止義務契約の締結，情報へのアクセス権の制限などがある。

【解答群】

　ア．国際裁判管轄　　　イ．不正競争防止法　　　ウ．秘密保持契約　　　エ．差止請求

　オ．準拠法　　　　　　①…………　　②…………　　③…………　　④…………　　⑤…………

問2　次の文章で正しいものには○を，間違っているものには×をつけなさい。

⑴　情報漏洩により企業が倒産することはないため，情報の保護や取扱いは重要ではない。

（　　　）

⑵　営業秘密侵害罪は，その他の不正競争防止法違反の罪と比べて法定刑は重く，海外使用等の場合には重罰適用もある。（　　　）

⑶　差止請求権により，営業秘密を内容とする電子データ等の削除を求めることができ，拡散された情報の安全な回収や消去も可能である。（　　　）

⑷　不正競争防止法の改正により，損害額・不正使用の推定等の規定が定められて損害賠償が容易化されているが，これは営業秘密のうち技術情報に限定される。（　　　）

⑸　営業秘密の持出しに関しては，働きやすい職場環境や公平な人事評価などによって従業員

との信頼関係を深めておくことによって，ある程度の漏洩リスクは低減することができる。

（　　　）

応用問題

問1　次の文章を読み，問いに答えなさい。

　不正競争防止法が防止しようとしている不正競争行為については，不正競争防止法の2条に限定列挙されている。この不正競争行為については，(a)既に市場に出回り，かなり有名になっている商品名と類似する商品名を販売する行為や，(b)利用者が多い他社のスマートフォンと非常によく形態が似ているスマートフォンを販売する行為などが含まれている。

(1)　下線部(a)を何というか，次のなかから最も適切なものを一つ選びなさい。

　　ア．著名な商品等表示の混同惹起　　イ．限定提供データの不正取得

　　ウ．営業秘密の侵害　　　　　　　　　　　　　　　　　　　　　　……………

(2)　下線部(b)を何というか，次のなかから最も適切なものを一つ選びなさい。

　　ア．ドメイン名の不正取得　　イ．信用毀損行為

　　ウ．他人の商品形態を模倣した商品の提供　　　　　　　　　　　……………

問2　不正アクセス行為にあてはまらない行為として，最も適切なものを次のなかから一つ選びなさい。

　　ア．友人のIDとパスワードを用いて，本人になりすましてSNSにログインした。

　　イ．システム管理者を装って，他人のIDとパスワードを入手した。

　　ウ．定期的にパスワードを変えるように注意されていたが，まったく変更していなかった。

　　　　　　　　　　　　　　　　　　　　　　　　　　　　　　　　　……………

発展問題

問　不正競争防止法の説明として，次のなかから最も適切なものを一つ選びなさい。

（商業経済検定第28回一部修正）

　　ア．事業者間の取引において，商品の原産地・品質・内容や，サービスの質・内容・用途などについて，取引相手が誤って認識してしまうような行為を規制している。

　　イ．消費者の商品選択の判断を狂わせるような誇大・虚偽広告や，販売促進を目的とした消費者に無料で提供するものなどに関して，行き過ぎた行為を規制している。

　　ウ．事業者が単独または他の事業者と共同して，不当な低価格販売の手段を用いて，競争相手を市場から排除したり，新規参入者を妨害したりしようとする行為を規制している。

　　　　　　　　　　　　　　　　　　　　　　　　　　　　　　　　　……………

^第5^節 紛争の予防と解決

▶▶1　紛争の予防

---【学習の要点】-------------------------------------

- ビジネス活動をめぐる法律紛争
  ①契約当事者間における契約上の権利義務をめぐる紛争
  ②契約関係にない者の間における権利侵害をめぐる紛争

基本問題

問1　次の文中の空欄にあてはまる語句を解答群から一つずつ選び，記号を記入しなさい。

(1) 契約書は，当事者が記名押印するのが一般的であるが，本人自身が氏名を書き，実印を用いて押印し，（　①　）を添付しておくと，契約書が偽造されたものではなく，本人自身によって作成されたものであることを証明するのに役立つ。

(2) 自署や記名押印に加えて，契約書を（　②　）によって作成するという方法もある。

(3) 裁判官，検察官などを長く務めた法律専門家から，法務大臣によって任命された者で，各地の法務局に所属し，公正証書の作成，認証の付与，確定日付の付与という公証事務をおこなう者を（　③　）という。

(4) 私人が作成した文書を（　④　）という。

(5) 公正証書の原本は，公証役場で（　⑤　）年保管される。

【解答群】

　ア．公正証書　　イ．20　　ウ．公証人　　エ．私署証書　　オ．印鑑証明書

①	②	③	④	⑤

問2　次の文章で正しいものには○を，間違っているものには×をつけなさい。

(1) 契約を結ぶにあたって，重大な契約の内容について疑問がある場合には，契約を結ぶ前に，弁護士，司法書士，税理士などの専門家に相談し，アドバイスを受けることも必要である。　　　　　　　　　　　　　　　　　　　　　　　　　　　　　（　　　）

(2) 契約書は，当事者が記名押印するのが一般的である。　　　　　　　　　　（　　　）

(3) 私署証書は，公証人が厳格な手続にしたがって作成するもので，真正な公文書と推定される。　　　　　　　　　　　　　　　　　　　　　　　　　　　　　　　　（　　　）

(4) 事故による損害賠償をめぐる紛争を予防するには，事故が起こらないようにすることが重

要であり，まず，商品の品質管理，輸送等の安全管理を徹底するように努めなければならない。 （　　　）

(5) 万全の管理体制をとっていれば事故は避けられるため，損害保険などに加入する必要はない。 （　　　）

(6) 本人の印鑑によるものであるとして，印影を警察庁に届け出ている印鑑を実印という。

（　　　）

応用問題

問　次の文章を読み，問いに答えなさい。

　民法では，債権譲渡の第三者対抗要件として，債権の譲渡人が債務者に通知するか，あるいは債務者が承諾することと，それを確定日付のある証書によっておこなうことを定めている。この確定日付のある証書としては，公正証書や内容証明郵便がよく用いられている。

　債権譲渡に関する契約書を公正証書によって作成する場合，当事者は　　　　　に出頭し，必要な調査や聴取をへて，作成される。このとき作成年月日も記載されるので，この作成年月日が「確定日付」ということになる。

(1) 文中の下線部の説明として，次のなかから最も適切なものを一つ選びなさい。

　　ア．債権譲渡の当事者が合意の上で作成した文書に公証人が認証を与えたものである。

　　イ．公証人が厳格な手続きにもとづいて作成したもので，真正な公文書と推定される。

　　ウ．公証人が作成し，法務大臣が認証したもので，原本は裁判所に保管される。

　　　　　　　　　　　　　　　　　　　　　　　　　　　　　　　……………………

(2) 文中の　　　　　にあてはまる語句として，最も適切なものを次のなかから一つ選びなさい。

　　ア．警察庁　　イ．公証役場　　ウ．裁判所

　　　　　　　　　　　　　　　　　　　　　　　　　　　　　　　……………………

発展問題

問1　次の文章を読み，下線部の書類を何というか，漢字4文字で正しい用語を答えなさい。

（商業経済検定第36回一部修正）

　社会生活では，売買や金銭貸借などの契約上のトラブルを理由とする紛争が生じることがある。紛争を防ぐためにも，重要な契約や行為などの場合には，公証人によって厳格な手続きに従って作成され，真正に成立した公文書と推定される書類を作成しておくとよい。

　　　　　　　　　　　　　　　　　　　　　　　　　　　　　　　……………………

問2　公正証書を作成する人は誰か，次のなかから正しいものを一つ選びなさい。

（商業経済検定第9回一部修正）

　　ア．代理人　　イ．公証人　　ウ．調停委員

　　　　　　　　　　　　　　　　　　　　　　　　　　　　　　　……………………

第5節　紛争の予防と解決

▶▶2　紛争の解決①

- - - 【学習の要点】 -

裁判外紛争解決 （ADR）	裁判上の和解，調停，仲裁など，裁判外で第三者が紛争に関与し，調整して紛争解決を図ること

基本問題

問1　次の文中の空欄にあてはまる語句を解答群から一つずつ選び，記号を記入しなさい。

(1)　生じた紛争を，当事者が話し合って互いに譲歩し，解決することを民法上の和解または（　①　）という。

(2)　（　②　）とは，裁判外で第三者が紛争に関与し，調整して紛争解決を図るもので，裁判上の和解，調停，仲裁など，いろいろなものがある。

(3)　（　③　）は，消費者と事業者の間に生じた民事上の紛争のうち，その解決が全国的に重要であるものについて，和解の仲介および仲裁をおこなっている。

(4)　裁判上の和解には，訴訟手続きが進行中に，その裁判所でなされる訴訟上の和解と，訴えを起こすことなく，当事者が裁判所に出頭して和解する（　④　）とがある。

(5)　裁判上の和解が成立すると，その内容が（　⑤　）に記載される。

【解答群】

ア．即決和解　　イ．調書　　ウ．示談　　エ．裁判外紛争解決（ADR）

オ．国民生活センター紛争解決委員会

①　　　　　　②　　　　　　③　　　　　　④　　　　　　⑤

問2　次の文章で正しいものには○を，間違っているものには×をつけなさい。

(1)　和解によって権利を有しないと認められた場合は，後に権利を有することの確証が出てきた場合には，権利が自動的に復活する。　　　　　　　　　　　　　　　（　　　）

(2)　和解は民法上の契約だから，紛争を終結させる効力はなく，もし一方が和解の内容を不満として訴訟を提起したら，相手方は和解契約書（示談書）を証拠として提出できるだけである。　　　　　　　　　　　　　　　　　　　　　　　　　　　　　　　（　　　）

(3)　契約当事者間で債務不履行があった場合や，契約関係にない者の間で事故などによる損害賠償請求権が生じた場合など，被請求者がその請求に応じてそのまま履行すれば紛争にはな

らない。 （　　　）

(4) 国民生活センターは消費者相談をおこなうが，消費生活センターは苦情処理のみしかおこなわない。 （　　　）

(5) 訴訟手続の経過や内容を公証するため，手続に立ち会った裁判所書記官が作成する公文書を公正証書という。 （　　　）

応用問題

問　次の文章を読み，問いに答えなさい。

　残念ながら現在でも交通事故は日本中で多発している。交通事故の場合，民法でいえば不法行為に該当するので，不法行為にもとづく損害賠償請求権が発生する。しかし，交通事故の損害賠償が裁判所に持ち込まれるケースは実は少ない。ほとんどの交通事故は，過去の判例などにもとづいて，□□□□が示談あっせんをおこない，<u>裁判外で第三者が紛争に関与し，調整して紛争解決を図る方法</u>が利用されている。

(1) 文中の□□□□にあてはまる機関として，次のなかから最も適切と思われるものを一つ選びなさい。

　ア．日本訪問販売協会　　イ．交通事故紛争処理センター　　ウ．消費生活センター

⋯⋯⋯⋯⋯⋯

(2) 文中の下線部を何というか，次のなかから最も適切と思われるものを一つ選びなさい。

　ア．WTO　　イ．ADR　　ウ．CPU

⋯⋯⋯⋯⋯⋯

発展問題

問1　次の文章を読み，下線部を表す語句として最も適切なものを一つ選びなさい。

（商業経済検定第9回一部修正）

　紛争が生じた場合には，裁判所に訴訟を起こし，解決をはかることもできるが，訴訟によらない方法もある。訴訟によらない方法の一つに和解があり，和解には<u>民法上の和解</u>と裁判上の和解がある。

　ア．調停　　イ．仲裁　　ウ．示談

⋯⋯⋯⋯⋯⋯

問2　次の文章の下線部を何というか，解答群から適切なものを一つ選び，記号を記入しなさい。

（商業経済検定第33回一部修正）

　社会生活では，金銭の貸借や契約上のトラブルなどを理由とする紛争が生じることがある。

　万が一紛争に巻き込まれた場合，裁判所に訴えて解決を図ることもあるが，訴えによらない方法もある。その一つに，<u>当事者が互いに譲歩し紛争の解決を図る</u>ことがある。

　ア．和解　　イ．鑑定　　ウ．書証

⋯⋯⋯⋯⋯⋯

第5節　紛争の予防と解決

▶▶2　紛争の解決②

- - 【学習の要点】- -

調停	民事調停法，家事事件手続法に定められている紛争解決方法
仲裁	仲裁法に規定された紛争解決方法

基本問題

問1　次の文章の空欄にあてはまる語句を解答群から一つずつ選び，記号を記入しなさい。

(1)　調停は，第三者である裁判所の（　①　）が，当事者の意見を聞いたうえで，紛争を解決する案を示し，当事者が納得して受け入れたときに成立する。

(2)　訴訟を提起した場合でも，事件が調停に移されることがあり，これを（　②　）という。

(3)　調停調書への記載は，（　③　）と同一の効力が与えられ，その債務が履行されないときは，ただちに強制執行をすることができる。

(4)　人事に関する訴訟事件，その他家庭に関する事件は家庭裁判所が調停をおこない，訴えを提起しようとする者は，まず，調停の申立てをしなければならない。これを（　④　）という。

(5)　仲裁は，すでに生じた民事上の紛争または将来において生じる一定の法律関係に関する紛争の，全部または一部の解決を，1人または2人以上の仲裁人に委ね，（　⑤　）に服する旨を合意したことを基礎とする。

【解答群】

ア．仲裁判断　　イ．確定判決　　ウ．調停委員会　　エ．付調停　　オ．調停前置主義

①……………　②……………　③……………　④……………　⑤……………

問2　次の文章で正しいものには○を，間違っているものには×をつけなさい。

(1)　調停は，原則として当事者本人が調停委員会に出頭して，紛争の実情を述べ，話し合う。この手続は公開される。　　　　　　　　　　　　　　　　　　　　　　　　（　　　）

(2)　調停委員会が示した調停案に当事者が納得し，紛争解決の合意が得られると調停が成立し，調書に記載される。　　　　　　　　　　　　　　　　　　　　　　　　　　　（　　　）

(3)　調停は，当事者が互いに譲り合い，実情に即した解決が図られることを目的としているが，当事者の一方が主張を曲げず，一切の譲歩を拒んだ場合であっても，その違いがわずか

であれば，紛争解決を重視して調停が成立する。 （　　　　）

(4)　当事者または利害関係者が，調停に代わる決定の通知を受けた日から3週間以内に異議申立てをしなければ，この決定は裁判上の和解と同一の効力を有する。 （　　　　）

(5)　調停委員会では，民間人から選ばれた民事調停委員が調停主任となる。 （　　　　）

(6)　仲裁は，仲裁法に規定された紛争解決方法で，当事者が第三者の判断に従って紛争を解決する裁判外紛争解決（ADR）の代表的な制度である。 （　　　　）

(7)　仲裁判断は原則として確定判決と同一の効力を有するが，仲裁判断にもとづいて民事執行をするには裁判所の執行決定を得なければならない。 （　　　　）

応用問題

問　次の文章を読み，問いに答えなさい。

　調停の申立てをする裁判所は，原則として，相手方の住所，居所，営業所もしくは事務所の存在地を管轄する　①　である。調停は，調停の申立てによってはじめられるが，調停委員の知見を活用して，適切で円滑な解決ができるので，訴訟を提起した場合でも，事件が調停に移されることがある。これを　②　という。

(1)　文中の　①　にあてはまる語句として，最も適切なものを次のなかから一つ選びなさい。
　ア．国民生活センター　　イ．最高裁判所　　ウ．簡易裁判所
　　　　　　　　　　　　　　　　　　　　　　　　　　　　　　　　……………………

(2)　文中の　②　にあてはまる語句として，最も適切なものを次のなかから一つ選びなさい。
　ア．付調停　　イ．調停に代わる決定　　ウ．仲裁
　　　　　　　　　　　　　　　　　　　　　　　　　　　　　　　　……………………

発展問題

問1　次の文章の□□□にあてはある語句として，最も適切なものを漢字4文字で答えなさい。

（商業経済検定第9回一部修正）

　紛争が生じた場合には，裁判所に訴訟を起こし，解決をはかることもできるが，訴訟によらない方法もある。その一つに調停があり，人事に関する訴訟事件や家庭に関する事件は，家庭裁判所が訴訟に先立って調停をおこなう。この原則を□□□主義という。

　　　　　　　　　　　　　　　　　　　　　　　　　　　　　　　……………………主義

問2　訴えによらない解決の方法の一つとして，第三者である裁判所の委員会が当事者の間にたち，紛争の当事者が互いに譲歩しあい，妥当で現実的な紛争の解決を図る方法がある。これを何というか，次のなかから適切なものを一つ選びなさい。（商業経済検定第36回一部修正）
　ア．鑑定　　イ．調停　　ウ．仲裁
　　　　　　　　　　　　　　　　　　　　　　　　　　　　　　　……………………

第5節　紛争の予防と解決

▶▶2　紛争の解決③

- - -【学習の要点】- -

原告	裁判所に訴えを起こした者
被告	訴えを起こされた相手方

基本問題

問1　次の文章の空欄にあてはまる語句を解答群から一つずつ選び，記号を記入しなさい。

(1)　和解や調停の場合に当事者の合意が必要であり，仲裁の場合には（　①　）が必要である。

(2)　裁判所に訴えを起こしたものを原告，訴えを起こされた相手方を被告といい，原告または被告となることができる一般的能力を（　②　）という。

(3)　単独で訴状を提出，あるいは法廷へ出て弁論するなどの訴訟行為をするには，（　③　）がなければならない。

(4)　未成年者および成年被後見人は，原則として（　④　）によらなければ訴訟行為をすることができない。

(5)　訴訟は，原告が第一審裁判所に（　⑤　）を提出し，訴えを提起することによって開始する。

【解答群】

　　ア．訴訟能力　　　イ．法定代理人　　　ウ．訴状　　　エ．仲裁合意　　　オ．当事者能力

　　　　　　　　　　　①　　　　　　②　　　　　　③　　　　　　④　　　　　　⑤
　　　　　　　　　　‥‥‥‥‥‥‥　‥‥‥‥‥‥‥　‥‥‥‥‥‥‥　‥‥‥‥‥‥‥　‥‥‥‥‥‥‥

問2　次の文章で正しいものには○を，間違っているものには×をつけなさい。

(1)　私人間の紛争を国家権力により最終的に解決する方法として，民事訴訟の制度が設けられている。　　　　　　　　　　　　　　　　　　　　　　　　　　　　　　　（　　　）

(2)　当事者能力があっても，単独で訴状を提出，あるいは法定へ出て弁論するなどの訴訟行為をするには，訴訟能力がなければならない。　　　　　　　　　　　　　　　（　　　）

(3)　訴訟能力の有無は，原則として民法その他の法令によって定まるが，民法上の行為能力者だからといって訴訟能力があるとは限らない。　　　　　　　　　　　　　　　（　　　）

(4)　訴訟能力を有すれば，本人自らどの審級においても訴訟できる。これを第三者訴訟とい

う。 ( )

(5) 未成年者は，原則として法定代理人によらなければ訴訟行為ができない。 ( )

(6) 訴訟を他人に委ねるときは，法律専門家として認められた弁護士に限られる。 ( )

(7) 証人尋問とは，裁判官の面前で口頭により弁論や証拠調べをおこなう手続きのことである。 ( )

問3 次の(1)～(5)のうち，条件にあてはまるものにはA，それ以外にはBを記入しなさい。

【条件】民事訴訟における証拠

(1) 書証 (2) 答弁書 (3) 鑑定 (4) 判決書 (5) 証人尋問

(1)…………… (2)…………… (3)…………… (4)…………… (5)……………

応用問題

問 次の文章を読み，問いに答えなさい。

　民事訴訟において，裁判所の事実認定は，口頭弁論のすべての趣旨や証拠調べの結果を斟酌して，自由な心証によりおこなうものとされている。これを ① という。訴訟が進むにつれて争点が明確になり，裁判所の心証が形成された時点で， ② にもとづいて判決が言い渡される。第一審判決で， ② の送達を受けた日から2週間以内であれば控訴することができる。期間内に控訴がなされないと，判決は確定する。

(1) 文中の ① にあてはまる語句として，次のなかから最も適切なものを一つ選びなさい。

　ア．自由心証主義　　イ．調停前置主義　　ウ．特別法優先主義

……………………

(2) 文中の ② にあてはまる語句として，次のなかから最も適切なものを一つ選びなさい。

　ア．訴状　　イ．答弁書　　ウ．判決書

……………………

発展問題

問 次の文章を読み，問いに答えなさい。 （商業経済検定第11回一部修正）

　菊池さんは，知り合いの近藤さんに，借用証書をとって1年契約で1,000万円を貸し付けていたが，返済期日を過ぎても近藤さんは返済しようとしない。そこで，菊池さんは裁判所に ☐ を提出し，訴えを提起することにした。そのときに借用証書も証拠として提出し，近藤さんに返済するように命じる判決が出た。しかし，判決が確定しても，近藤さんは返済しようとはしない。そこで，菊池さんは，近藤さんの一般財産を差し押さえて競売し，その売却代金から返済してもらうことにした。

(1) 文中の ☐ にあてはまる語句を漢字2文字で答えなさい。

……………………

(2) 下線部の手続を何というか，最も適切な語句を一つ選びなさい。

　ア．証人尋問　　イ．鑑定　　ウ．強制執行

……………………

第5節　紛争の予防と解決

▶▶2　紛争の解決④

- - -【学習の要点】- -

控訴	第一審の判決に対する不服を申し立てること
上告	第二審の判決に対する不服を申し立てること

基本問題

問1　次の文章の空欄にあてはまる語句を解答群から一つずつ選び，記号を記入しなさい。

⑴　三権分立主義の原則にもとづき，すべて司法権は，（　①　）および法律の定めるところ
　に設置する下級裁判所に属する。

⑵　法律の定める下級裁判所として，高等裁判所，（　②　），家庭裁判所および簡易裁判所の
　4種類が設置されている。

⑶　民事訴訟の場合，訴えを提起する裁判所は，訴訟の目的物の価額が140万円を超える請求
　および不動産に関する訴訟については地方裁判所，140万円を超えない請求については
　（　③　）である。

⑷　民事訴訟では，第三審まで裁判を請求することができる（　④　）がとられている。

⑸　60万円以下の金銭の支払いを請求する事件については，原則として1回の期日で審理を
　終え，即日，判決の言渡しをする（　⑤　）がある。

【解答群】

　ア．簡易裁判所　　　イ．地方裁判所　　　ウ．最高裁判所　　　エ．三審制

　オ．少額訴訟手続

　　　　　　　　　　　①＿＿＿＿　②＿＿＿＿　③＿＿＿＿　④＿＿＿＿　⑤＿＿＿＿

問2　次の文章で正しいものには○を，間違っているものには×をつけなさい。

⑴　「すべての裁判官は，その良心に従ひ独立してその職権を行ひ，この憲法及び法律にのみ
　拘束される」とあるが，最高裁判所は絶対なので，下級裁判所は最高裁判所の指揮監督を受
　けることになる。　　　　　　　　　　　　　　　　　　　　　　　　　　　　（　　　）

⑵　国際取引が増加した現代社会では，経済活動にともなう紛争も国際化している。（　　　）

⑶　国際取引に関連して生じた紛争を訴訟で解決しようとする場合に，多くの国で似たような
　法律が制定されているので，どの国の裁判所に提訴するか，どの国の法律によって紛争を解

決するかといったことは，さして問題にはならない。 （　　）

(4) 国際的な紛争においては，訴訟による解決より，専門的知識のある仲裁人の判断に委ねる
方が適当な処理がなされるということで，国際商事仲裁制度を利用した紛争解決が多くなっ
ている。 （　　）

(5) 仲裁を利用するには，仲裁によって紛争を解決するという合意が必要で，契約締結時に，
紛争が生じた場合は仲裁により解決する旨を規定しておくのが一般的である。 （　　）

問3　次のなかから日本の裁判所が管轄権を持たない場合を一つ選びなさい。
ア．訴えた法人の主たる事業所の住所が日本国内にある場合
イ．訴えた法人の事業所や営業所は日本国内にはないが，代表者の住所が日本国内にある場
合
ウ．訴えた法人もその代表者の住所もアメリカにある場合 ....

応用問題

問　次の文章を読み，問いに答えなさい。

国際取引が増加した現在では，経済活動にともなう紛争も国際化している。このときどの国の
裁判所に管轄権があるのかを巡って，訴訟が長引くこともある。たとえ日本の裁判所で管轄権が
ないとされても，外国の裁判所が管轄権を認めるという保証があるわけでもない。国によって裁
判のしくみや訴訟の手続きなども異なり，さらに言語の違いも考慮すると，裁判所の管轄権の問
題はきわめて重要である。

そこで，訴訟によって紛争を解決するよりも，(a)専門家など第三者の裁定によって紛争の解決
を図ることが増えてきている。このとき(b)一定の合意が必要になるので，あらかじめ契約締結時
に解決方法に関する規約を定めておくのが一般的である。

(1) 下線部(a)を何というか，次のなかから適切なものを一つ選びなさい。
ア．強制執行　　イ．調停　　ウ．仲裁 ....
(2) 下線部(b)を何というか，次のなかから適切なものを一つ選びなさい。
ア．仲裁合意　　イ．調停に代わる決定　　ウ．即決和解 ....

発展問題

問　次の文章を読み，文中の　　　　　にあてはまる適切な語句を漢字4文字で答えなさい。

（商業経済検定第20回一部修正）

Aは1年後に返済してもらう約束で友人Bに現金50万円を貸し付けた。しかし，支払期日を
過ぎても返済されないので，1回の期日で審理が終わる　　　　手続制度を利用して返済してもら
うことにした。 ....手続

第1節　経済環境の変化と法

▶▶1　法の改正①

----【学習の要点】----

| 国際法 | 国際社会に適用される法 |

基本問題

問　次の文章の空欄にあてはまる語句を解答群から一つずつ選び，記号を記入しなさい。

(1)　サブプライムローンを証券化した商品を大量に抱え込んでいた金融機関が住宅バブル崩壊で損失が膨らんだ問題を（　①　）という。

(2)　国際社会に適用される法を（　②　）という。

(3)　書面の交付が必要とされる契約について，受け取る人の承諾を条件に，書面の代わりに電子メールなどの電子的手段を用いてもよいことを認めているのは，（　③　）である。

(4)　日本の金融市場を国際金融市場とし，自由で公正な金融システムを構築するために制定された法は（　④　）である。

(5)　世界の貿易を自由化する枠組みの構築や，国際的な貿易紛争の処理をおこなっているのは，（　⑤　）である。

【解答群】

　ア．世界貿易機関　　イ．金融システム改革法　　ウ．IT書面一括法　　エ．国際法
　オ．サブプライム問題

　　　　　　　　　　　　　　①　　　　　　②　　　　　　③　　　　　　④　　　　　　⑤

応用問題

問　次の文章の空欄にあてはまる法律として，最も適切なものを解答群のなかから一つ選びなさい。

　旅行業法では，旅行業者が客と旅行契約を締結した場合，そのサービス内容について書面を客に交付することを定めていたが，現在では書面ではなく電子メールでもよいこととなった。これは，　　　　の制定によるものである。

【解答群】

　　ア．電子記録債権法　　イ．IT基本法　　ウ．IT書面一括法

第1節　経済環境の変化と法

▶▶1　法の改正②

- - - 【学習の要点】 -

サービス経済化	経済全体の生産額の中でサービス業の割合が増加したり，サービス業に従事する人の数が相対的に増加したりしていくこと

基本問題

問　次の文章の空欄にあてはまる語句を解答群から一つずつ選び，記号を記入しなさい。

(1)　サービスを提供するサービス業者には，飲食サービス分野や娯楽分野，教育分野，医療分野などにわたっていろいろな企業が活動しており，総務省の（　①　）によって分類されている。

(2)　サービス業のうちでも，電気・ガス・熱供給・水道業，情報通信業，（　②　），運輸業など，経済社会で重要な役割を果たしている業種については，さまざまな法律が制定され，公的な規制が課されている。

(3)　消費者金融や通信販売など，消費者を保護する必要性が高いサービス業については，利息制限法や出資法，（　③　），特定商取引法などの消費者の保護を図る法律が制定されている。

(4)　地球的規模でのモノ・ヒト・カネの結びつきを（　④　）という。

(5)　原則として，すべての輸出入貨物は（　⑤　）に申告し，必要な検査を経て許可を受けなければならない。

【解答群】

ア．消費者契約法　　イ．日本標準産業分類　　ウ．税関長　　エ．金融業

オ．グローバリゼーション

①　………………　②　………………　③　………………　④　………………　⑤　………………

応用問題

問　次の文章の空欄にあてはまる語句をカタカナ4文字で記入しなさい。

経済全体の生産額の中でサービス業の割合が増加したり，サービス業に従事する人の数が相対的に増加したりしていくことを□□□□経済化という。

………………………………

重要用語の解説

第1章　法の概要

1 社会規範	1 社会生活の中で人間同士が関わりをもつさいの一切のルール
2 成文法	2 文書の形式で存在する法
3 不文法	3 文書という形式では存在しない法
4 憲法	4 国の統治組織の根本と国民の基本的な権利・義務を定めた最高法規
5 命令	5 法律によって権限を与えられた，国会以外の国家機関が制定する成文法
6 条例	6 都道府県・市区町村などの地方公共団体の議会が制定する成文法
7 条約	7 国家間で締結された文書による協定
8 慣習法	8 人びとの間に法として意識されるようになった慣習
9 判例法	9 同じ趣旨の判例が積み重ねられることによって生まれた法規範
10 公法	10 納税の義務や選挙権の行使などのように，国または地方公共団体と個人との関係を規律する法
11 私法	11 売買・貸借・婚姻など私人相互の関係を規律する法
12 社会法	12 社会的あるいは経済的な弱者を保護するために，私法の分野に国家が関与することによって成立した法
13 一般法	13 法の効力が及ぶ範囲をみたとき，ある事柄について，広く一般的に定めてある法
14 特別法	14 法の効力が及ぶ範囲をみたとき，特定の人や地域などについて定めてある法
15 特別法優先主義	15 一般法と特別法で同じ事柄について規定があるときは，特別法が一般法に優先して適用されるという原則
16 強行規定（強行法規）	16 当事者の意思にかかわらず適用が強制される法
17 任意規定（任意法規）	17 当事者が法と異なる内容を定めたときは，その意思が尊重されて適用されない法
18 実体法	18 権利・義務の実体そのものについて定めた法
19 手続法	19 権利・義務を，裁判などによって具体的に実現する手続について定めた法
20 民事法	20 私人間の法律関係を規律する民法などの実体法と民事訴訟法などの手続法の総称
21 刑事法	21 犯罪と刑罰に関する実体法と手続法の総称
22 法の適用	22 具体的な事例に法をあてはめ，一定の法的な判断を導き出すこと
23 法の解釈	23 確定した事実に法を適用するため，一般的・抽象的に定められている法文の意味・内容を具体的に明らかにすること
24 文理解釈	24 法文の字句，文章の意味を文字どおりに解釈すること
25 論理解釈	25 法令の立法目的やほかの条文との関係，法全体の立場などを考えて，論理的に矛盾がないように解釈すること
26 拡張解釈	26 法文の意味を広げて解釈すること
27 縮小解釈	27 法文の意味を狭くして解釈すること
28 反対解釈	28 法文で定めていないことについて，法文の意味を反対に解釈すること

29類推解釈	29類似するほかの事項の法文から推しはかって解釈すること
30権利	30他人に一定の行為を求めるなど，特定の利益を受けることのできる法律上の力
31義務	31他人のために一定の行為をしなければならない，またはしてはならないという法律上の拘束
32信義誠実の原則	32相手の信頼を裏切らないように誠意をもって行動しなければならないという原則
33権利の濫用	33正当な範囲を逸脱した権利の行使
34権利能力	34権利・義務の主体となることができる資格
35自然人	35生きている人間のこと
36法人	36会社や学校，協同組合などのように，法律によって権利・義務の主体となることが認められたもの
37意思能力	37自分の行為の結果を正常に判断できる能力
38法律行為	38自分の意思にもとづいて権利・義務を発生させる行為
39行為能力	39１人で完全に有効な法律行為をすることができる資格
40未成年者	40満18歳にならない者
41成年被後見人	41精神上の障害などにより，意思能力を欠く状態がおおむね継続している者で，家庭裁判所の審判によって成年後見制度の利用が始まった者
42被保佐人	42精神上の障害などにより，意思能力が著しく不十分な者で，家庭裁判所の保佐開始の審判によって，保佐人の支援を受ける者
43被補助人	43精神上の障害などにより，意思能力が不十分な者で，家庭裁判所の補助開始の審判により，補助人の支援を受ける者
44催告権	44特定の者に対して，履行，申出，確答など一定の行為を請求することができる権利
45追認	45不完全な法律行為を，後から確定的に有効にするという意思表示
46果実	46物から生じる経済的収益
47元物	47果実を生じる物
48物権法定主義	48物権の種類や内容は，すべて法律で定めるという主義
49用益物権	49地上権・永小作権・地役権・入会権のように，他人の物を一定の範囲で使用・収益できる物権
50担保物権	50留置権・先取特権・質権・抵当権のように，物を債権の担保に提供することを趣旨とする物権
51所有権	51物を自由に使用し，収益し，処分することのできる権利
52囲繞地通行権	52袋地の所有者が，囲繞地を一定の制限のもとに通行できる権利
53占有	53人が現実に物を支配している状態
54占有訴権	54占有回収の訴え・占有保持の訴え・占有保全の訴えの総称
55所有権にもとづく物権的請求権	55所有物の返還を求める返還請求権，侵害状態の除去を求める妨害排除請求権，妨害の予防措置を求める妨害予防請求権のこと

56 責任財産	56 強制執行の対象になる債務者の一般財産
57 債権者代位権	57 債権者が自分の債権を保全するために，債務者の権利を債務者に代わって行使できる権利
58 詐害行為取消権	58 債務者の詐害行為の取消しを，債権者が裁判所に請求できる権利

第2章　企業活動と法規

1 契約	1 当事者が合意によって一定の取引をすること
2 条件	2 契約の効力の発生が将来の不確定な事実にかかっている場合の不確定な事実
3 契約自由の原則	3 どのような契約を締結するのかは当事者の自由意思に任されるという原則
4 心裡留保	4 表示した意思が真意でないことを表意者自身が知りながらおこなった意思表示
5 通謀虚偽表示	5 相手方と話し合ったうえで，真意とは異なる偽りの意思表示をおこなうこと
6 錯誤	6 思い違いから真意と違う意思表示をしてしまい，表意者がそれに気づかないこと
7 詐欺	7 他人をだます行為
8 強迫	8 害悪を告げて人に恐怖心をいだかせる行為
9 代理	9 本人に代わってほかの者が契約を締結すること
10 委任状	10 本人から代理人に代理権を与えたことを証明する書類
11 無権代理	11 代理権のない者が代理人と偽って契約すること
12 表見代理	12 無権代理ではあるが，本人と無権代理人の間に特別な関係があるため，相手方が無権代理人を正当な代理人と信じてもやむを得ない場合に，相手方の信頼を保護して，本人との間に有効な代理があったのと同じ効果が認められること
13 消費貸借（契約）	13 金銭の貸借などのように，借りた物を消費し，後で同種・同等・同量の物を返す契約
14 同時履行の抗弁権	14 双務契約の当事者の一方は，相手方が債務の履行を準備するまでは，自分の債務の履行を拒むことができるという権利
15 登記	15 不動産に関する権利を公示する方法
16 現実の引渡し	16 売主から買主に実際に目的物を引き渡すこと
17 簡易の引渡し	17 買主が目的物を所持している場合，売主から買主に引き渡したという意思表示をすることで，引渡しをすること
18 占有改定	18 売主が目的物をそのまま借りておく場合，売主が今後は買主のために占有するという意思表示をすることで，引渡しをすること
19 指図による占有移転	19 目的物を第三者に預けている場合に，売主がその第三者に対して今後は買主のために保管するように指示し，買主が承諾することによって，引渡しをすること
20 動産の即時取得	20 平穏・公然・善意で動産の占有を開始した場合，ただちにその動産の所有権を取得できること
21 債権譲渡	21 債権を譲渡することで，第三者に対抗（主張）するためには，譲渡人から債務者に通知をするか，債務者の承諾が必要

22 売主の担保責任	22 売買契約において，売主に課される一定の責任
23 賃借権	23 賃借物の使用・収益を目的とする債権
24 賃借物の転貸	24 賃借人が賃借物を第三者に貸すこと
25 敷金	25 賃貸借にもとづいて生じた賃借人の金銭債務を担保するため，賃借人が賃貸人に交付する金銭
26 地代増減請求権	26 地代の額が不相当になったときに，借地権設定者または借地権者から，地代の増額または減額を請求できる権利
27 造作買取請求権	27 借家契約が期間満了または解約申入れによって終了するときに，賃貸人の同意を得て建物に付加した建具・エアコンなどの造作を，賃借人が賃貸人に買い取るように請求できる権利
28 債務不履行	28 契約が結ばれたが，債務者が債務の趣旨に従った給付を実現しないこと
29 履行遅滞	29 債務者が履行しようと思えば履行できるにもかかわらず，債務の履行期がきても履行しないこと
30 履行不能	30 債務の履行が，契約その他の債務の発生原因および取引上の社会通念に照らして不能であること
31 不完全履行	31 一応履行はなされたものの，債務の本旨に従っていない債務不履行
32 債務名義	32 債務の履行を命じる判決のように，債権の存在を明らかにし，強制執行の根拠となる証書
33 直接強制	33 物の引渡しや金銭の支払いなどの与える債務について，裁判所の手を借りて，債権の内容を直接的に実現すること
34 代替執行	34 第三者が債務者の代わりにおこなっても債権の目的を達することができる場合，債務者に費用を出させて，その行為を第三者におこなわせること
35 間接強制	35 債務を履行しない場合に，1日につきいくら支払えと命じて，債務者に心理的に圧迫を加え，間接的に履行を強制する方法
36 物的担保	36 一定の財産的価値をもつ物を債権の担保とすること
37 人的担保	37 債務者以外の別の人の資力や信用を担保とすること
38 債権者平等の原則	38 1人の債務者に対して債権者が何人もいる場合，それぞれの債権者が債務者の財産に対して平等の権利をもち，特定の債権者が優先的に権利を行使することができないという原則
39 留置権	39 他人の物を占有している者が，その物に関して生じた債権の弁済を受けるまで，その物を債務者に引き渡さないで，自分の手元にとどめておくことができる権利
40 先取特権	40 公平などの見地から，特定の種類の債権者に，法律が優先して弁済を受ける権利を与えているもの
41 質権	41 債務者または第三者が，債権の担保として債権者に引き渡した質物を，債務の弁済があるまで債権者が占有し，弁済期がきても弁済されない場合には，質物を競売にかけて，その代金から優先弁済を受けることができる権利

42抵当権	42債務者または第三者が，不動産を占有したままで債権の担保として提供し，債務者が弁済期に弁済しないときは，債権者が，その不動産を競売して，その代金からほかの債権者に優先して弁済を受けることができる権利
43譲渡担保	43債務者が動産の所有権を債権者に移転し，その動産を債権者から債務者が借りて使用するという非典型担保
44所有権留保	44商品売買において，買主が代金の全額を支払うまで，その商品の所有権を売主に留保しておくという非典型担保
45仮登記担保	45債務が弁済されない場合に，目的不動産を代物弁済として債権者に移転するという契約を締結し，将来の所有権移転請求権を保全するために仮登記しておく非典型担保
46保証	46債務者が債務を履行しない場合に，第三者が債務者に代わって債務を履行する義務（保証債務）を負うこと
47分別の利益	47数人の保証人がいて，債務額が保証人の数に応じて分割されること
48連帯保証	48保証人が，主たる債務者と連帯して債務を負担すること
49連帯債務	49複数の債務者のうちの1人が債務を履行すれば，すべての債務者が債務を免れる関係にあり，複数の債務者が連帯して債務を負担すること
50弁済	50債務者が債務の本旨に従った給付を履行すること
51供託	51債務者が弁済しようとしても，債権者がその受領を拒み，または受領することができないときに，弁済の目的物を債務者が供託所に預けて，債権を消滅させること
52弁済による代位	52債務者のために弁済をした者が，債権者に代位すること
53相殺	53　2人が互いに弁済期にある同種の債務を負っている場合に，相互の債務の対当額を，当事者の一方の意思表示で消滅させること
54更改	54当事者が合意によって1つの債務を消滅させ，代わりに別の債務を成立させること
55免除	55債権者が債務者に対して，一方的に，無償で債権を消滅させるという意思を表示すること
56混同	56債権と債務が同一の人に帰属すること
57消滅時効	57権利を行使しないという事実状態が一定期間にわたり継続した場合，その権利を消滅させるしくみ
58取得時効	58一定期間にわたり継続して権利を事実上行使する者に対して，その権利を取得させるしくみ
59時効の完成猶予	59時効の完成間近に，権利行使が不可能または著しく困難な事情があるときに，一定期間，時効の完成を猶予すること
60時効の更新	60権利者に権利があることを相手方が承認した場合などに，それまで進行していた時間をリセットして，再び零（0）から時効期間を計算すること
61付合	61所有者の異なる数個の物が結合して分離が難しくなること
62混和	62所有者の異なる米や石油などが混ざり合うこと

63 加工	63 （他人が所有権をもつ）材料を加工すること
64 事務管理	64 法律上の義務がないのに，他人のためにその利益になる行為をすること
65 不当利得	65 法律上の原因がないのに，他人の財産または労務によって利益を受け，その ために損失を与えること
66 非債弁済	66 債務が存在しないにもかかわらず，債務の弁済として給付をなすこと
67 不法行為	67 故意または過失によって他人の権利を侵害すること
68 過失責任の原則	68 他人の権利に対する侵害行為があっても，加害者に故意や過失がない限り不 法行為にはならず，損害賠償責任も負わないとする原則
69 使用者責任	69 ある事業のために他人を使用する者は，従業員等がその事業の執行について 第三者に加えた損害を賠償する責任を負う場合があり，その責任のこと
70 土地工作物責任	70 建物や塀などのような土地の工作物の設置または保存に瑕疵があって，他人 に損害を与えた場合には，その工作物の占有者や所有者が損害賠償責任を負う ことがあり，その責任のこと
71 製造物責任	71 製造物の欠陥が原因で，消費者の生命，身体または財産に損害を与えた場合 に，製造業者等が負う損害賠償責任
72 合名会社	72 社員全員が，会社の債務に対して，直接・無限・連帯責任を負う会社
73 合資会社	73 無限責任社員と有限責任社員で構成されている会社
74 合同会社	74 社員全員が有限責任社員で，社員の議決権や利益の配分を自由に決めること ができる会社
75 持分会社	75 合名会社・合資会社・合同会社の総称
76 株式会社	76 社員の地位が株式として細かく単位化され，原則として譲渡が自由で，社員 全員が間接有限責任を負う会社。
77 発起設立	77 発起人が設立時に発行する株式の全部を引き受ける株式会社の設立の方法
78 募集設立	78 発起人は設立時に発行する株式の一部を引き受けるだけで，残りの株式を引 き受けてくれる株主を募集する株式会社の設立の方法
79 資本充実の原則	79 会社の設立時または新株発行のさいには，出資が確実に履行され，資本金が 実質的に充実されなければならないという原則
80 資本維持の原則	80 資本金に相当する財産が確実に会社に維持され，現実に財産が存在しなけれ ばならないとする原則
81 株主平等の原則	81 株主はその所有する株式の内容および数に応じて会社から平等に扱われなけ ればならないという原則
82 非公開会社	82 すべての種類の株式について譲渡制限をつけている株式会社
83 公開会社	83 少なくとも1種類の株式について定款に譲渡制限を定めていない株式会社
84 一株一議決権の原則	84 株主は，株主総会において，その有する株式1株について1個の議決権を有 するという原則
85 株主総会	85 株主によって構成される意思決定の最高機関
86 取締役会	86 取締役で構成され，業務執行に関する意思決定をおこなうとともに，代表取 締役を選任し，その執行の状況を監督する機関

87 監査役	87 取締役の職務執行を監査する機関
88 組織変更	88 法人格の同一性を維持したまま，株式会社を持分会社に変更したり，持株会社を株式会社に変更したりすること
89 合併	89 2つ以上の会社が契約によって1つの会社に合体すること
90 吸収合併	90 1つの会社が存続して，ほかの会社は消滅し，消滅会社のすべての権利義務を存続会社が承継する合併
91 新設合併	91 合併するすべての会社を消滅させて新しい会社を設立し，消滅会社のすべての権利義務を新設会社が承継する合併
92 会社分割	92 株式会社または合同会社が，その事業に関して有する権利義務の全部または一部を，法の定める手続によりほかの会社に移転すること
93 株式交換	93 株式会社が発行済株式の全部を既存のほかの株式会社または合同会社に取得させること
94 株式移転	94 株式会社が発行済株式の全部を新たに設立する株式会社に取得させること
95 破産	95 債務者が支払不能または債務を完済することができない状態にある場合，破産法にもとづいて，債務者の資産をすべて換金処分して債権者に公平に配分することを目的としておこなわれる清算型の手続
96 独占禁止法	96 公正かつ自由な競争を促進することで，一般消費者の利益の確保と国民経済の発達を図ろうとする法
97 不正競争防止法	97 周知な商品等表示の混同惹起や著名な商品等表示の冒用など不正競争の防止を通じて，公正な競争の確保を図る法
98 景品表示法（不当景品類及び不当表示防止法）	98 不当な景品類および表示による顧客の誘引を防止するため，消費者の自主的かつ合理的な選択を阻害するおそれのある行為を規制し，消費者の利益を保護することを目的とする法
99 知的財産権	99 知的創造活動によって生み出された経済的利益に対する支配権
100 産業財産権	100 特許権・実用新案権・意匠権・商標権といった産業上の無形の利益に対する支配権
101 特許権	101 新しい機械や器具など特許を受けた発明を，業として独占排他的に実施する権利
102 実用新案権	102 物品の形・構造またはその組み合わせの方法によって実用的な製品を考案した場合，その実用的な製品を業として実施する権利
103 意匠権	103 物品の形・模様や色彩またはこれらの結合，建築物の形状や画像であって，視覚を通じて美的感覚を生じさせるものを意匠といい，工業上利用可能な意匠に対して与えられる独占的な権利
104 商標権	104 特許庁に商標を登録することによって与えられ，その商標の独占使用が認められる権利
105 著作権	105 著作物を創作した小説家・画家・作曲家などに与えられる権利

第3章　税と法規

1 国税	1 所得税，法人税，相続税，贈与税など課税主体が国である税

②地方税	②住民税，事業税，固定資産税など課税主体が地方公共団体である税
③申告納税制度	③納付するべき税額を納税者の申告によって確定する制度
④租税法律主義	④法律の根拠がなければ，租税を賦課，徴収されないという考え方
⑤内国法人	⑤本店または主となる事業所が日本に所在する法人
⑥外国法人	⑥内国法人以外の法人
⑦税務会計	⑦税法にもとづいて税金の計算を目的としておこなう会計
⑧税務調整	⑧財務会計における収益・費用を，税務会計におかえる益金・損金にそれぞれ調整し，財務会計上の利益を税務会計上の所得金額へ調整する手続
⑨税効果会計	⑨一時差異によって生じる将来における法人税等の増減効果を当期の決算に反映させる会計手続
⑩免税事業者	⑩消費税の納付義務が免除される事業者

第4章　企業責任と法規

①コンプライアンス （法令遵守）	①狭義には法令を遵守して企業活動をおこなうことで，広義には法令だけではなく法令以外の社会規範やその企業が定めている規則や基準等を遵守すること
②アカウンタビリティ （説明責任）	②企業が出資者である株主のほか，従業員や消費者，取引業者や銀行，地域住民などの利害関係者に対して，調達した資金（金銭）の使途のほかに，企業活動の方針や内容，結果などを説明する義務・責任のこと
③労働基準法	③労働者が，人間らしい生活をするための最低の労働条件を定めた法律
④労働組合法	④勤労者の団結権，団体交渉権，団体行動権（争議権）といった労働三権を具体化した法律
⑤不当労働行為	⑤労働者の団結権，団体権を侵害する使用者の行為
⑥所定就業時間	⑥労働契約や就業規則により定められる始業から終業までの時間
⑦所定労働時間	⑦所定就業時間から休憩時間を除いた時間
⑧就業規則	⑧常時10人以上の従業員を使用する使用者に作成義務がある企業内部のルール
⑨消費者契約法	⑨事業者と消費者との間に締結されたすべての消費者契約に適用される法
⑩訪問販売	⑩消費者の家庭，職場，路上など営業所等以外の場所で契約を締結する販売方法
⑪クーリングオフ	⑪訪問販売や電話勧誘販売などで，書面を受け取ってから一定の期間内であれば，無条件で書面または電磁的記録によって申込みの撤回または契約の解除ができるしくみ
⑫通信販売	⑫郵便・電話・インターネットなどにより契約の申込みを受けて，商品や役務，特定権利の販売や提供をおこなう販売方法
⑬電話勧誘販売	⑬販売業者等が電話により勧誘をおこなって，契約を結ぶ販売方法
⑭連鎖販売取引	⑭商品の買主に対し，商品を売ってくれれば利益を提供すると言い，商品の買主を新たな販売員にすることを繰り返し，連鎖状に販売を拡大する方法
⑮特定継続的役務提供	⑮学習塾などのように，その目的の実現が必ずしも確実とはいえない役務（サービス）を，継続的に提供すること

16業務提供誘引販売取引	16商品を購入すれば仕事を提供するといって高額な商品を購入させる「内職・モニター商法」のこと
17ネガティブオプション	17事業者が一方的に消費者に商品を送り付けて，売買契約が成立したと主張して代金を請求する販売方法のこと
18製造物責任法 （PL 法）	18製造物の欠陥により人の生命，身体または財産にかかる被害が生じた場合における製造業者等の損害賠償の責任について定めた法律
19個人情報保護法	19個人情報の適正かつ効果的な活用と，個人の権利利益の保護を目的とする法律
20不正競争防止法	20周知な商品等表示の混同惹起や著名な商品等表示の冒用といった不正競争の防止や不正競争に係る損害賠償等について定めている法律
21営業秘密	21秘密として管理されている生産方法，販売方法その他の事業活動に有用な技術上または営業上の情報であって，公然と知られていないもの
22公正証書	22公証人が厳格な手続きによって作成する文書
23私署証書	23私人が作成した文書
24裁判外紛争解決 （ADR）	24裁判外で第三者が紛争に関与し，調整して紛争解決を図ること
25裁判上の和解	25裁判所で裁判官が当事者の間に入って互いに譲歩させ，当事者が合意すること
26訴え提起前の和解 （即決和解）	26裁判上の和解のうち，訴えを起こすことなく，当事者が裁判所に出頭して和解すること
27調停前置主義	27人事に関する訴訟事件などで，訴えを提起しようとする者は，まず調停の申立てをしなければならないこと
28自由心証主義	28どの証拠を採用するのかは，裁判官の自由な判断に委ねられていること
29第一審裁判所	29地方裁判所または簡易裁判所のこと
30控訴	30第一審の判決に対して，上級裁判所に不服を申し立てること
31上告	31第二審の判決に対して，不服を申し立てること
32原告	32裁判所に訴えを起こした者
33被告	33裁判所に訴えを起こされた相手方
34当事者能力	34原告または被告となることができる一般的能力
35口頭弁論	35裁判官の面前で口頭により弁論や証拠調べをおこなう手続のこと
36書証	36裁判における文書による証拠
37証人尋問	37目撃者など第三者の証言を証人として聞くこと
38鑑定	38特別な知識や経験をもつ専門家の意見を聞くこと

第5章　経済環境の変化と法

1国際法	1国際社会に適用される法
2グローバリゼーション	2地球的規模でのヒト・モノ・カネの結びつき
3関税	3モノが国境を通過するときにかけられる税金